ज्ञान गरिमा के
70 वर्ष

भारतीय
ज्ञानपीठ

with best wishes

णाणं
पयासयं
वीर नि. सं. 2470
भारतीय ज्ञानपीठ
ई. सन् 1944

गिरफ़्तारी

(फ्रांत्स काफ़्का के उपन्यास 'द ट्रायल' पर आधारित नाट्य-रूपान्तरण)

austrian cultural forum[del]

आस्ट्रियन कल्चर फ़ोरम, नयी दिल्ली के सहयोग से प्रकाशित

फ्रांत्स काफ़्का

(3 जुलाई 1883–3 जून 1924)

फ्रांत्स काफ़्का

(1883–1924) 20वीं सदी के कहानी साहित्य में एक महत्त्वपूर्ण लेखक के रूप में उभर कर सामने आए। जर्मन भाषा में लिखने वाले काफ़्का का जन्म, एक मध्यम वर्गीय यहूदी परिवार में हुआ। प्राग (तत्कालीन चेकोस्लोवाकिया) में जन्मे काफ़्का की शिक्षा दीक्षा जर्मन भाषाई विद्यालयों में हुई जहाँ से उन्होंने क़ानून की डिग्री ली। जर्मन भाषा का साहित्य इनके लेखन में बार–बार देखने को मिलता है। काफ़्का के महज़ 31 साला जीवन में उनकी रचना–प्रक्रिया ने नये आयाम छू लिये, पर प्रसिद्धि उन्हें उनके मरने के बाद तब मिली जब उनका छिपा साहित्य–संसार उनके ख़ास मित्र और सम्पादक मैक्स ब्रॉड ने दुनिया के सामने लाया। काफ़्का ने तो मैक्स को हिदायत दी थी कि मेरे मरने के बाद मेरा साहित्य जलाकर फेंक दिया जाए। मैक्स ब्रॉड ने काफ़्का की बात न मानी, और सारा साहित्य छपवा दिया। और तब से आज तक काफ़्का विश्व कथा साहित्य के एक बेहद महत्त्वपूर्ण लेखक माने जाते हैं। जिनके साहित्य ने पूरी दुनिया के साहित्य पर गहरा प्रभाव डाला। अकेलापन अलगाव सामाजिक दबाव सत्ता के अनेक रूप अतिवाद, छायावाद, क़ानून की जकड़, काली परतों में लिपटा व्यंग्य, तीखी क़लम फ्रांत्स काफ़्का के लेखन की ताक़त थी। वो इन्ही विषयों पर अदल–बदलकर अपनी लेखनी का ज़ोर दिखाते रहे। ट्रायल, द कासल, द मेटामोरफोसिस व उनकी कहानियाँ कफ़्का की वो कृतियाँ हैं। जिन्हें पूरे विश्व में 20वीं सदी के प्रभावशाली साहित्य की पहचान माना गया— ट्रायल या गिरफ़्तारी ऐसा ही विशेष उपन्यास है। जिसका नाट्य रूपान्तरण है—गिरफ़्तारी।

मेरी बात

हर लड़ाई, हर विरोध, हर आवाज उठाने के बाद, आख़िर में एक सच सामने आता है जो कुछ जैसा है स्वीकार लो, सह लो, झेल जाओ, पिस जाओ पर मुँह मत खोलो, कुछ मत बोलो, ऐसा कुछ नहीं करो जिससे लोगों का ध्यान तुम पर जाए। याद रखो क़ानून की तराजू के पलड़े बड़े नाजुक धागों से बने होते हैं, हवा का झोंका तो दूर की बात है हमारे तुम्हारे बदन की सरसराहट उसका सन्तुलन बिगाड़ सकती है। पलड़ा किस तरफ झुकेगा पता नहीं फ्रांत्स काफ़्का का ट्रायल—एक ऐसे लेखक के महायुद्ध उपन्यास का मेटामोरफोसिस यानी कायाकल्प कर नाटक में उतरना एक भारी चुनौती का काम था। ट्रायल न केवल छायावादी, अति काल्पनिक, तीखी तुर्श ज़ुबान की प्रतिनिधि रचना है, बल्कि एक बड़ा लम्बा उपन्यास है। मेरा थियेटर से एक अभिनेत्री, निदेशक और लेखक के रूप में एक बड़ा लम्बा नाता है। रेडियो टेलीविज़न की दुनिया मेरा संसार है। 40 से ज़्यादा नाटक मेरे अपने लिखे हुए हैं। जिन्हें फिल्माया गया है। मंच पर उतारा गया है। मेरे तीन नाटक संकलन भी छपे हैं। ये बात आस्ट्राई दूतावास के सांस्कृतिक विभाग के अधिकारियों को अच्छी तरह मालूम थी। विदेशों में मेरे एक लम्बे प्रवास और बी.बी.सी. रेडियो, टीवी के साथ जुड़े मेरे सार्थक कार्यकाल के बारे में भी उन्हें पता था।

भारत लौटने के बाद, आस्ट्राई दूतावास से मेरा सम्पर्क बढ़ा। तो मैंने उन्हें जर्मन भाषा से हिन्दी भाषा में जर्मन साहित्य के अनुवाद पर एक कार्यशाला करने का आइडिया दिया। बस वहीं से शुरू हुई इस किताब गिरफ़्तारी यानी ट्रायल के नाट्य रूपान्तरण की कहानी। 'एक शाम फ्रांत्स काफ़्का के नाम' कार्यशाला की समाप्ति के तुरन्त बाद आस्ट्राई सांस्कृतिक विभाग के श्री मातीज़ व मुनीश बहल ने एक गहरा सवाल पूछा, क्या

काफ़्का के उपन्यास ट्रायल को नाटक में बदल सकती हैं? क्या आप ये कर पाएँगी? ये क्या? उन्होंने तो मेरी कार्यक्षमता को ही चुनौती दे डाली। मेरी माँ बचपन में कहती थीं—''दुनिया में ऐसा कोई काम नहीं है जो तुम चाहने पर न कर सको।'' मुझे चुनौतियों से खेलना अच्छा लगता है मैंने फौरन हाँ कर दी, पर तीन शर्तों के साथ। पहली शर्त, एक तो ये कि नाटक के लिए ज़रूरी होता है कि मैं काफ़्का को हिन्दुस्तान के आम जन तक पहुँचाने की अपनी हर कोशिश की आज़ादी चाहूँगी। दूसरी शर्त, ये नाट्यान्तर है और उसे उसी रूप में लिया जाएगा ये नाटक काफ़्का के उपन्यास ट्रायल पर आधारित तो रहेगा पर सिर्फ छायावादी तौर पर। तीसरी शर्त, सबसे ज़रूरी बात ये कि नाटक के मंचन की समय सीमा इन्टरवल की चाय के साथ सिर्फ दो घंटे की रखी जाएगी क्योंकि दर्शकों में इससे ज़्यादा बैठने का धीरज अब नहीं होता। श्री मातीज़ ने कहा मंजूर है सारी शर्तें मंजूर है बस सिर्फ आप हाँ कर दें।

पाठको, मुनीश और मातीज़ की ज़िद के पीछे उनका लम्बा अनुभव छिपा था। अनुवादक तो उन्हें बहुत सारे मिल जाते पर मुझ जैसा सारी लेखन मंचन विधाओं से जुड़ा अभिनय के अनुभव से पगा लेखक कब मिल पाता। ये आत्म प्रशंसा नहीं है। ये समस्त कलाओं के साथ जुड़े होने का अनुभव रखनेवाले लेखकों की कमी पर मेरा कटाक्ष है। या यूँ कह लीजिए कि यह बात मैंने बड़े दुःख से कही है।

मैंने किताब तो ले ली पर अपने आपको एक मकड़ जाल में फँसे कीड़े की तरह उलझा लिया। जिसे काफ़्का नामक मकड़ दैत्य हौले-हौले अपने पास खिसका रहा था लील जाने के लिए। बड़ा सवाल ये था कि किसी एक किताब को आधार मानकर नाट्य रूपान्तर कैसे होगा। होगा तो वो सही नहीं है। सबसे पहले तो काफ़्का को जानना होगा उसके लेखनी के क्राफ्ट को अपने आप में उतारना होगा। बावजूद उसके मैंने अपनी लेखनी के लिए पूरी आज़ादी माँग ली थी पर मन में मथन गुंथन चलता रहा। ये तो मैंने तय कर लिया था कि मैं काफ़्का को छोड़कर नहीं काफ़्का को हर सीन के साथ जोड़कर चलूँगी। नाटक का रस भाव भी बनाए रखना था। नाटक हिन्दुस्तानी ज़ुबान की ज़मीन पर खड़ा कर, उस ज़ुबान के आसपास रीज़नल ज़ुबानों के उपमान भी जोड़ने होंगे। चुनौती ली है तो काफ़्का जैसे एक ख़ास वर्ग द्वारा पढ़े जानेवाले लेखक को मुझे थियेटर

हॉल में बैठे हर आम हिन्दुस्तानी तक पहुँचाना होगा। और उसके लिए उन मिसालों का, कहावतों का, बॉलीवुड के हिन्दी गानों का उपयोग करना ही होगा, ताकि आम हिन्दुस्तानी आसानी से काफ़्का की कही बात को पहचान ले।

पाठ को लिखने की राह में हज़ार बाधाएँ आईं (जो बाधा आपको याद आए तो उन्हें अपने आप मेरी बाधाओं के साथ जोड़ दीजिए क्योंकि मैं अगर लिखने लगी तो पन्ने भर जाएँगे)। एक बाधा का ज़िक्र ज़रूर करना चाहूँगी इस साल जुलाई में मैं कश्मीर चली गयी सोचा सितम्बर तक नाटक पूरा हो जाएगा। पर ख़ुदा को कुछ और मंजूर था। सितम्बर में कश्मीर में वो तूफ़ान मचा कि पूछो मत। बाढ़ से श्रीनगर में जो पानी ऊपर चढ़ रहा था वो मुझे आसन्न मृत्यु के ख़तरे से आगाह नहीं कर रहा था। वो मुझसे नाटक लिखवा रहा था। मुझे नाटक के आख़िरी मोड़ पर खड़ा कर रहा था। मुझे नाटक के आख़िरी दृश्य में खड़ा काफ़्का का नायक शाम कुमार याद आ रहा था। याद आ रही थी उसकी घुटन, उसकी छटपटाहट, मौत से उसका डर, मरते समय फिर से एक बार नये सिरे से जीने की उसकी चाह। ख़ैर छोड़िए उस पल को। वो तो गुज़र गया। पर एक साल में मैंने बहुत कुछ इस किताब के नाम किया।

मेरी ये सारी कोशिश गिरफ़्तारी को एक सफल मंचीय नाटक बनाने की रही है। लीजिए मैंने अर्पित किया एक काफ़्का आम आदमी के नाम, एक काफ़्का हिन्दुस्तान के नाम, एक काफ़्का आपके नाम। उम्मीद है ये किताब और मंच पर ये नाटक आपकी स्वीकृति पाएगा। आस्ट्रियाई सांस्कृतिक मंच को और इस पुस्तक गिरफ़्तारी के प्रकाशक को मेरा धन्यवाद।

—रमा पांडेय

गिरफ़्तारी

नाटक

नाटक मंच के एक कोने से शुरू होता है पहली लाइट स्पॉट फ्रांत्स काफ़्का के एक 6 फुटे चित्र पर पड़ती है। मंच पर एक दूसरे कोने में स्पॉट लाइट के घेरे में 4 लोगों का कोरस खड़ा है और रोशनी पड़ते ही चित्र की ओर इशारा करते हैं और गाते हैं...

कोरस : ये है काफ़्का
फ्रांत्स काफ़्का।
प्रतिबम्ब, अपने आप का।
ये सत्य, अपने समाज का,
विश्वास पर आघात का।
ये है काफ़्का
फ्रांत्स काफ़्का।

अन्तरा : ये शब्द सागर का मछेरा
ये वाक्य चित्रों का चितेरा।
ये भाव का, अभिव्यक्ति का
और लेखनी की शक्ति का।
अद्‌भुत, अनोखा काफ़्का,
प्रतिबिम्ब अपने आप का।
ये आईना है आपका।

कोरस ख़त्म होते ही मंच पर एक मस्तमौला क़िस्म का पाठक रिसर्चर आता है। जो हाथ में काफ़्का की किताब ट्रायल लिये है। वो कभी काफ़्का के चित्र को और कभी अपने हाथ की किताब को देखता पढ़ता है। फिर अचानक दर्शकों की ओर मुख़ातिब होता है।

पाठक रिसर्चर : क्या सोच रहे हैं आप? यही न कि मैं क्या कर रहा हूँ? कभी इन जनाब काफ़्का साहब को देखता हूँ तो कभी इनकी लिखी किताब ट्रायल को, दरअसल मैं सोच रहा हूँ कि यार ये आदमी आख़िर क्या था? लिखता कुछ था,

सोचता कुछ था। अगर मैं अपनी रिसर्च पर जाऊँ तो इससे शानदार है और नहीं है का रहस्य शायद ही कभी किसी अन्य लेखक ने लिखा हो। नहीं, नहीं, नहीं मैं भगवद्‌गीता की तुलना इससे नहीं कर रहा हूँ मैं तो जनाब इक्कीसवीं शताब्दी के लेखकों की बात कर रहा हूँ। अरे साहब! क्या लिखता था ये आदमी। ज़िन्दगी के झमेले से कोई मोटी सी चीज़ उठाता, और फिर उसके इर्द-गिर्द ऐसा महीन तानाबाना बुनता था कि पढ़नेवाला हैरान रह जाए। अजी बनारस का कारीगर मात खा जाए। ढाके की मलमल-सी उसकी कहानियाँ पढ़नेवाले के दिमाग़ की अँगूठी से यूँ आसानी से निकल जाती थीं कि उसकी महीन बुनाई में पढ़ने वाला उलझ जाता था। अब इस किताब ट्रायल को ही लीजिए। मैंने इसका नाम रखा है 'नज़रबन्द गिरफ़्तारी'। एक नाट्य रूपान्तर। क्या पूछा आपने मेरा नाम क्या है? नाम में क्या रखा है साहब! चलिए मुझे भाव दे रहे हों तो मेरा नाम भाव ही समझ लीजिए और अभिव्यक्ति मेरे पीछे दूसरे कोने से आती होगी।

(एक महिला कलाकार मंच के दूसरे कोने से आती है)

अभिव्यक्ति : किसी-न-किसी ने तो जानबूझकर शाम कुमार पर कोई ज़बर्दस्त झूठा आरोप लगाया ही होगा वरना एक दिन अचानक सुबह-सवेरे ऐन चाय के वक़्त शाम कुमार क्यों गिरफ़्तार कर लिया जाता? वो तो अपने बंगाली बासे में लेटा-लेटा सुबह की ख़ुमारी उतारने के लिए नौकरानी आनन्दी को आवाज देने ही जा रहा था एक कप गर्मागर्म चाय की चाहत लेकर बिस्तर पर आराम से लेटा हुआ था। और ये भी सोच रहा था कि अब तक आनन्दी चाय लेकर आई क्यों नहीं, ऐसा तो कभी नहीं हुआ कि सवा छह बज गये हों और आनन्दी चाय न लाई हो?

शाम कुमार ने करवट बदली, तो बंगाली बासे की गैलरी के दूसरे सिरे पर खड़ी हुई बुढ़िया उसे अचरज से देखती हुई नज़र आई। उसे लगा कि आख़िर क्या हुआ कि वह बुढ़िया उसे घूर रही है कि अचानक दरवाज़े पर दस्तक हुई।

अन्दर एक दुबला-पतला मगर मज़बूत क़िस्म का आदमी

सरकारी कोट पहने हुए अन्दर घुसा। न जाने क्या-क्या तामझाम उसके कोट पर उसकी पैंट पर लगे हुए थे। शाम कुमार अचकचा गया और उसने ज़ोर से पूछा,

शाम कुमार : ये क्या कर रहे हैं जनाब! आख़िर कौन हैं आप। कमरे में कैसे घुस आये।

अभिव्यक्ति : लेकिन आदमी ने शाम कुमार को अनसुना कर दिया और बढ़ता ही चला आया। उसने शाम कुमार से पूछा।

आदमी : ''क्या तुमने घंटी बजाई थी?''

शाम कुमार सकपका कर बोला—'हाँ बजाई थी तो? मैं आनन्दी बाई को आवाज दे रहा था। वो इस वक़्त मेरा नाश्ता और चाय लेकर आती है।' लेकिन मेरी समझ में ये नहीं आ रहा कि आख़िर आप हैं कौन? आपको इससे क्या मतलब कि मैंने घंटी बजाई कि या नहीं बजाई। मैं आनन्दी बाई से चाय मँगाई थी।

लेकिन उस आदमी ने फिर कोई जवाब दिए बग़ैर दरवाज़े से बाहर झाँक कर कहा, ''ओए! सुण रहे हो'' ये आनन्दी बाई से चाय चाहता है। उसे आवाज दे रहा है। इसे चाय पिलवा दो (दोनों ज़ोर से व्यंग्यपूर्वक हँसते हैं। शाम कुमार को लगा कि जैसे दूसरे कमरे में भी कोई है।)

पहला आदमी : वो तो आप भूल ही जाइए। चाय नहीं मिल सकती।

शाम कुमार : कमाल है! ये ख़बर मेरे लिए नयी है। मेरे ही घर में मुझे चाय नहीं मिल सकती? ग़ुस्से में शाम कुमार बिस्तर से उठता है और दरवाज़े की ओर बढ़ता है। और पैंट पहनते हुए कहता है— हद कर दी! मेरे ही घर में मुझे चाय नहीं मिलेगी। ज़रा मैं भी तो देखूँ बाहर कौन आया है?

और आख़िरकार इस शोर-वोर का मतलब क्या है?

पहला आदमी : व्यंग्य से। तुम्हें नहीं लगता कि तुम्हें अपनी ही खातिर यहाँ खड़े रहना चाहिए?

शाम कुमार : मैं हरगिज़ नहीं यहाँ रूकूँगा, मैं जाऊँगा और पता लगाकर रहूँगा कि मुझे रोकनेवाले आख़िर तुम कौन होते कौन हो?

आदमी : मैं तो तुम्हारा भला ही चाहता था। नहीं मानते हो तो मत मानो।

(शाम कुमार दरवाज़ा खोलकर बाहर निकलता है। दरवाज़ा दूसरे कमरे में खुलता है। पहली ही नज़र में उसको लगता है कमरे में कुछ रद्दोबदल है नहीं, तो आख़िर बदला क्या?)

दूसरा दृश्य

मंच पर अभिव्यक्ति

ये कमरा दरअसल आनन्दी का कमरा है और उसमें आज से पहले कुछ ज़्यादा जगह दिखाई देती थी। कमरे में आज ऊल-जलूल कुर्सियाँ, फ़ोटो और रजाई तो दिख ही रहे हैं। लेकिन जैसे इन सब चीज़ों का कोई मायने ही नहीं था क्योंकि कुछ तो था जो बदला। और उस बदलाव में सबसे बड़ा बदलाव था उस आदमी का होना जो वहाँ बैठा था। वो आदमी जो आप देख रहे हैं न जिसके हाथ में किताब है और शायद उसके होने की सत्ता भी। बड़े अधिकार से जमा हुआ था खिड़की पर। शाम कुमार को तो जैसे आग ही लग गयी उसे देखकर।

लेकिन इससे पहले कि वो कुछ कहता, उस सत्ताधारी आदमी ने गरज कर कहा—

सत्ताधारी आदमी : तुम यहाँ किस लिए आए हो? तुम्हें अपने कमरे में नहीं रहना चाहिए था? तुमसे शारदूल सिंह ने ये नहीं कहा कि तुम्हें अपने कमरे में ही रहना है?

शाम कुमार : हाँ, कहा है तो!

शाम कुमार : शारदूल सिंह या जो कुछ भी उसका नाम है। लेकिन आख़िर तुम चाहते क्या हो? क्यूँ रहूँ मैं अपने ही कमरे में। मुझे ये हुक्म देनेवाले तुम सब होते कौन हो?

अभिव्यक्ति : (शाम कुमार दरवाज़े पर ही खड़ा था। इतने में सामनेवाली गली में उसे वो बुढ़िया फिर झाँकती नज़र आई। उसके चेहरे पर एक व्यंग्यात्मक मुस्कराहट थी। जैसे कि कह रही हो कि आ गया न बेटा फंदे में।)

शाम कुमार : आप सबकी बकवास अगर बन्द हो जाए तो मुझे आनन्दी बाई से मिलने दो। आनन्दी! कह कर शाम कुमार ज़ोर से

आगे बढ़ता है। तभी देखता है दो और आदमी कमरे में खड़े हैं।
उन आदमियों ने शाम कुमार से कहा—नहीं। नहीं। अब यहाँ से हिलना नहीं।

इतने में खिड़की के पास खड़ा हुआ आदमी कहता है—तुमसे एक बार कह दिया न आनन्दी आएगी न चाय। फिर बहस किस बात की? कह कर ज़ोर से किताब फेंकता है। तुम्हें यहाँ से जाने की इजाज़त नहीं है। यू आर अंडर अरेस्ट। तुम गिरफ़्तार हो गये हो।

शाम कुमार : सो तो दिख ही रहा है। क्या इतना बताने की तकलीफ़ करोगे— मैंने किया क्या है? किस बात की गिरफ़्तारी है। और एक बात और बता दूँ तुम ऐसे मुझे गिरफ़्तार नहीं कर सकते और ये तुम्हारा काम है मुझे बताओ कि आख़िरकार किसलिए किस अधिकार से तुम मुझे गिरफ़्तार कर रहे हो? सत्ताधारी कहता है—मेरा काम तुम्हें गिरफ़्तारी का कारण बताना नहीं है। मुझे हुक्म मिला तुम्हें गिरफ़्तार करने का। मान क्यों नहीं लेते तुम गिरफ़्तार हो। कारण बताना मेरा काम नहीं है, जिन्होंने गिरफ़्तार करवाया वो बताएँ। मैं सिर्फ यह कह सकता हूँ जाओ, अपने कमरे में चुपचाप बैठो और इन्तज़ार करो तुम्हारी गिरफ़्तारी की कार्रवाइयाँ शुरू हो चुकी हैं। समय आने दो अपने आप सब जान जाओगे। सब कुछ समझ जाओगे, क्यों गिरफ़्तार हुए, किसने गिरफ़्तार किया, कब तक गिरफ़्तार किया। सच बताऊँ, मुझे तो तुम्हें इतना बताने की भी इजाज़त नहीं है। मैं तो चीज़ ही कुछ और हूँ कि इतने दोस्ताना ढंग से बात कर रहा हूँ। मैं उम्मीद क़रता हूँ कि कोई और साला सुन नहीं ले ये। और अगर शारदूल सिंह ने सुन ही लिया तो? वो तो ख़ुद ही क़ानून तोड़कर तुम्हें इस रूम तक आने की इजाज़त दे गया। अगर मैं फँसा न बच्चू तो वो भी साला फँसेगा।

अभिव्यक्ति : हैरान था शाम कुमार जनाब! हैरान था। आख़िर ये हुआ क्या।

ये कहाँ से आफत का पहाड़ टूट पड़ा। उसे किसी भी तरह अपना कोई भी जुर्म याद नहीं आ रहा था।

तब तक शारदूल सिंह बोला—ओए। ज़्यादा हिम्मत मत दिखा। बहुत ज़्यादा देर तक तक़दीर साथ नहीं देती। ये तो आज तेरी क़िस्मत अच्छी थी जो हम जैसे दरियादिल लोग तुझे गिरफ़्तार करने आए। लेकिन हर बार ऐसा नहीं होगा। देख लेना बच्चू। तुम ख़ुद ही समझ जाओगे। साँच को आँच नहीं प्यारे।

शाम कुमार ने पूछा—इतना तो बता ही सकते हो कि तुम्हारा नाम क्या है?

सत्ताधारी आदमी बोला—नाम जानने से सज़ा कम नहीं हो जाती न गिरफ़्तारी रुकती है। पूछ रहे हो तो मान लो मेरा नाम ज़ालिम सिंह है। और यह कहते हुए उसने शाम कुमार के कन्धे पर हाथ रख। और फिर ऊपर से नीचे और नीचे से ऊपर उसे अच्छी तरह घूरा।

शाम कुमार के कुर्ते-पाजामे को देखकर उसने कहा—ऐ! ये कपड़े बदलो। ये सब हमें सौंपो। अरे जब गिरफ़्तारी से छूटोगे तो तुम्हारे कपड़े तुम्हें दे दिए जाएँगे। (और फिर ज़रा से फुस-फुसाकर के दोस्ताना लहज़े में, शाम कुमार से बोला)

ज़ालिम सिंह : मिस्टर ये अच्छा रहेगा। ये सामान तुम हमें सौंप दो। अरे आजकल जेल के डिपो में भी बहुत सारी चोरियाँ होती हैं। यही नहीं। एक समय गुज़र जाने के बाद ये तमाम चीज़ें बाज़ार में बेच दी जाएँगी। और उससे आया हुआ पैसा ज़रूरी नहीं कि तुम्हारे मुक़दमे के आख़िर तक वहीं रखा रहे। क्योंकि अभी ये भी कुछ नहीं कहा जा सकता कि ये मुक़दमा कितने दिन चलेगा। होने को क्या है। ये भी हो सकता है कि तुम्हें इसका पैसा दे दिया जाए। लेकिन जब तक पैसा डिपो से

चलेगा, थाने तक आएगा, सिपाही घर पहुँचाएगा, तब तक तो तुम्हें मालूम है न अँगुलियों में कितने छेद होते हैं। किसे पता पहुँचते पहुँचते इस पैंट क़मीज़ का रुपया भी आता है कि नहीं। अच्छा है भलाई भी इसी में है कि हम को सौंप दो प्यारे। ताकि हमारे हों वारे न्यारे।

अभिव्यक्ति : अब तक शाम कुमार पक चुका था। उसने ज़ालिम सिंह की बकवास पर कोई ध्यान नहीं दिया। उसके दिमाग़ में सिर्फ एक ही लफ़्ज गूँज रहा था— कहाँ है मेरा अधिकार। क्यों किया गया मुझे गिरफ़्तार। मेरा अधिकार ये जानने का कि मैं क्यों गिरफ़्तार हूँ। मेरा अधिकार ये जानने का है कि मुझे किसने गिरफ़्तार करवाया। मेरा अधिकार ये जानने का है कि मेरा जुर्म क्या है।

शाम कुमार सोच रहा था। देखने में तो ज़ालिम सिंह थानेदार जैसा लगता है मगर कमाल की बात यह भी है कि कोई भी सरकार की वर्दी पूरी तरह नहीं पहने। तो कैसे पहचानूँ कि ये दो ठुल्ले कौन हैं? और ये मोटा आदमी कौन है। लेकिन इन तीनों की मौजूदगी में उसे समझ ही नहीं आ रहा था कि वो क्या सोचे जो सही हो।

ज़ालिम सिंह अपनी बड़ी तोंद लिए शाम कुमार की तरफ काजीरंगा के गैंडे की तरह फुफकारता हुआ बढ़ा चला आया। शाम कुमार सोच रहा था आख़िर ये क्या करेगा मेरा— कुचलेगा, मसलेगा। मैं उस देश का रहने वाला हूँ जो प्रजा तान्त्रिक देश कहलाता है जिसमें यह हक़ है कि आप तब तक ग़लत और अपराधी हैं ही नहीं जब तक आपका अपराध सिद्ध नहीं होता। तो मेरा अपराध ही जब सिद्ध नहीं है तो मैं अपराधी कैसे हुआ। सारी ज़िन्दगी बेचारे शाम कुमार ने बड़े सहज तरीके से ये सोचते हुए बिताई थी कि हर काम को आसाँ ही समझना चाहिए। जब तक कि मुसीबतों का

पहाड़ सर पर न टूट पड़े। मगर अब उसको लग रहा था कि अब शायद हालात तो ज़रूरत से ज़्यादा बाहर हो रहे हैं। और एक सही राह नहीं पकड़ रहे हैं। सब कुछ मज़ाक जैसा लग रहा है लेकिन एक भद्दा मज़ाक जो नाक़ाबिले बर्दाश्त था। हो सकता है ये मज़ाक उसके साथ काम करनेवाले बैंकवाले दोस्तों ने किया हो। आख़िरकार आज उसकी तीसवीं सालगिरह भी तो थी।

शाम कुमार : (शाम कुमार अचानक मुस्कराता है और सोचता है कि यही शायद ठीक है। मुझे हँसना चाहिए) ये अच्छा मज़ाक है। मुझे बुद्धू बना ही दिया। और मैं भी इन सिपाहियों की तरह या ये जो कुछ भी हैं उनके साथ हँसूँगा। देखने में तो कमबख़्त ऐसे लगते हैं जैसे सड़क पर से मज़दूर उठाकर लाए गये हों।

शारदूल सिंह को ही देखो। ऐसा लगता है ज़रा-सा ज़ोर देकर के एक फटकार मारूँगा तो फट से सब उगल देगा और हेकड़ी धरी रह जाएगी।

भाव : लेकिन शायद शाम कुमार इसमें छिपे ख़तरे को भी पहचानता था कि दोस्त बाद में कहेंगे कि गधे तुम से हमारा मज़ाक भी बर्दाश्त नहीं हुआ। हालाँकि अनुभव से शाम कुमार ने बहुत कुछ सीखा था। उसे अचानक एक पिछली बात याद आती है। जब उसने जान-बूझ करके एक आदमी के साथ बड़ी रौबदाब से बात की और झगड़ा कर डाला। पर बाद में उसकी इस हरकत का स्वाद बड़ा कड़वा रहा जो सालों तक उसके मुँह से नहीं गया।

शाम कुमार ने सोच लिया कि वह कुछ नहीं कहेगा। अगर ये मज़ाक है तो मैं भी इस मज़ाक के साथ चलता हूँ। शाम कुमार बोलता है— अगर आपको तकलीफ़ नहीं हो मैं ज़रा बाहर जाऊँगा। कहक़र दोनों सिपाहियों के बीच से निकलता है। पीछे से आवाज आती है। देखने में तो ठीक

ठाक ही दिखता है। जाता है जो जाने दो अपने रूम में।

तीसरा दृश्य

भाव : (शाम कुमार अपने कमरे की तलाशी में जुट जाता है।) टेबल की दराज़ खोलता है। देखता है हर चीज़ बिलकुल वैसी ही है जैसी वो रखता था, लेकिन उसका पहचानपत्र उसे ढूँढ़े नहीं मिल रहा था। बहुत ढूँढ़ता है, बहुत ढूँढ़ता है, लेकिन पहचान पत्र नहीं मिलता, अचानक उसे अपनी मोटर साइकिल का लाइसेंस मिलता है। सोचता है कि यही दिखा दूँगा, शायद कहीं उसे पहचानने में इन्होंने कोई ग़लती न की हो। ये सोचकर वह उन गिरफ़्तार करनेवाले आदमियों की तरफ बढ़ता है। अब जब वह अगले कमरे की तरफ चलता है तो उसे आनन्दी बाई नज़र आती है। जो उसके कमरे में अन्दर घुसना ही चाहती है।

आनन्दी : माफ़ कर दो साहब। माफ़ कर दो। मैं आपकी चाय नाश्ता नहीं लाई लेकिन मैं आपको कुछ बता नहीं सकती हूँ। बस मुझे माफ़ कर दीजिए। मुझे कुछ भी बोलने की इजाज़त नहीं है। और वो झट से दरवाज़ा बन्द करके बाहर निकल जाती है।

(शाम कुमार पीछे से चिल्लाता है। आनन्दी। आनन्दी बाई अन्दर तो आओ। बताओ तो आख़िर ये माज़रा क्या है। लेकिन आनन्दी चली जाती है) एक बार फिर शाम कुमार पेपर ढूँढ़ने में लग जाता है।
तभी बाहर से सिपाही चिल्लाता है—ओए! क्या बात है? क्यों चिल्ला रहा है?

शाम कुमार कहता है—आनन्दी बाई अन्दर क्यों नहीं आई? सिपाही शारदूल सिंह कहता है—क्योंकि उसे अन्दर आने की इजाज़त नहीं थी। वो अन्दर नहीं जा सकती।

दूसरा आदमी : ओ मियाँ तुम गिरफ़्तार हो। सरकार के दामाद नहीं हो। *शाम कुमार फिर बहस करता है— मैं कैसे गिरफ़्तार हो सकता हूँ और इस तरह तो हरगिज़ गिरफ़्तार नहीं हो सकता जिस तरह आप मुझे गिरफ़्तार कर रहे हैं आख़िर देश में कोई क़ानून है कि नहीं?*

शारदूल सिंह अपनी रोटी पर मक्खन लगाते हुए जो शाम कुमार के लिए लाई गयी थी— कहता है : अबे गला मत फाड़। हम ऐसे सवालों के जवाब नहीं देते।

शाम कुमार ज़िद करता हुआ : लेकिन तुम्हें देना पड़ेगा मेरे सवालों का जवाब। देखो देखो ये देखो मेरा पहचान पत्र। ये मैं हूँ। ये मैं हूँ मैं। फ़ोटो देख रहे हो मेरी है मेरी। अब लाओ तुम दिखाओ अपना पहचान पत्र? मैं भी तो देखूँ तुम हो कौन। दिखाओ दिखाओ, अरेस्ट वारंट दिखाओ मुझे।

शारदूल सिंह : अरे मेरे भगवान। मेरे मालिक! तुम अपनी हालत को मंजूर क्यों नहीं कर लेते? ये बहस करके हमें चिढ़ाने में ग़ुस्सा दिलाने में तुम्हें क्या मज़ा मिलनेवाला है? सच्चाई तो ये है बर्ख़ुरदार इस समय तुम्हारे पास सिर्फ हम हैं हम हैं और हम हैन कोई दोस्त है न कोई आनन्दी बाई।

लम्बा पतला आदमी : यही सच है और जितनी ज़ल्दी मानोगे चैन पाओगे। याद रखो। तुम सवाल पूछ सकते हो पर हम तुम्हारा जवाब नहीं देंगे—

अभिव्यक्ति : लेकिन नहीं। शाम कुमार का अपने उपर कोई क़ाबू ही नहीं था। वो फिर बहस में उलझा। वो सारे पेपर उठाकर उनके सामने पटकते हुए बोला— देखो! आँखें फाड़कर देख लो ये है मेरा पहचान पत्र)।

लम्बा सिपाही : अरे पर इसका हमारे से क्या लेना-देना है। फिर आता है पहचान पत्र, पहचान पत्र। क्या लेना-देना है हमारे से इसका।

ज़ालिम सिंह : अब तो तुम एक बच्चे से भी ज़्यादा बदतर व्यवहार कर रहे हो। तुम चाहते क्या हो? ओए कान खोलकर सुन ले

अगर जो तू ये सोचता है कि अपने पहचान पत्र को लेके, हमसे बहस करके, तू ज़ल्दी छूट जाएगा या तेरा केस ख़त्म हो जाएगा तो तुझे से बड़ा अहमक़ कोई है ही नहीं। अरे हम तो बहुत जूनियर अधिकारी हैं छोटे से कर्मचारी। ये जो तू हमें दिखा रहा है न पहचान पत्र, उसको तो एक कोने से दूसरे कोने तक पता ही नहीं कि ये चीज़ क्या है।

हमारी तरफ से तो ये नाक पोंछने का क़ागज़ भी हो सकता है। तुम्हें क्या लगता है हम दस घंटे तुम्हारी हाजरी देंगे और उसका पैसा लेंगे इससे ज़्यादा हम को कुछ आता है या इससे ज़्यादा हम को कुछ समझा करके भेजा गया है। अरे हम हैं बिलकुल छोटे और सत्ता की सीढ़ी के सबसे आख़िरी सिरे। बस यही हैं हम। हम को बड़े अधिकारी बुलाते हैं और हमको बता देते हैं कि जाओ उसको गिरफ़्तार करो। इसके आगे न हमको कोई इनफ़ोरमेशन होती है न हमको कोई कारण बताया जाता है और न ही क्यों अरेस्ट किया जा रहा है इस बारे में हमें बताया जाता है। हमारे पास दो आर्डर होते हैं गिरफ़्तार कर लो। आदमी का पता ये है। और गिरफ़्तार रखो। हमारा काम ख़त्म। और इस काम में कोई ग़लती की कहीं भी गुंजाइश नहीं है। जहाँ तक मैं जानता हूँ हमारे बड़े अफ़सरों को भी सिर्फ छोटे कर्मचारियों का नाम मालूम होता है। वो आदमी जिसको गिरफ़्तारी का वारंट भेजा जा रहा है उसका जुर्म क्या है इतनी बड़ी जनता जनार्दन में उसका क्या लेना-देना है इस जुर्म से वो भी नहीं पता लगाते। उनका कहना है क़ानून जुर्म को खींचता है और इस लिए क़ानून के पहरेदारों को जुर्म करनेवाले के पास भेजा जाए और यही क़ानून है। और इसमें कोई ग़लती नहीं हो सकती और उसकी कोई माफ़ी नहीं है।

शाम कुमार चिल्ला कर—ग़लत, ग़लत, ग़लत। मैं ऐसे किसी क़ानून को नहीं जानता हूँ।

शारदूल सिंह : ओए तेरी तो क़िस्मत फूटी है। ये तो तेरे लिए और भी बुरा

हुआ।

शाम कुमार : बकवास बन्द करो। ऐसा क़ानून सिर्फ तुम और तुम्हारे अफ़सर के दिमाग़ की उपज है।

शारदूल सिंह : कह लो कह लो। नाई नाई बाल कितने हैं। आगे आते हैं जजमान। बड़ी ज़ल्दी इस क़ानून के सामने तुम नंगे हो जाओगे।

ज़ालिम सिंह : देखा, देखा शारदूल सिंह, ये स्वीकारता है, मानता है कि इस को क़ानून का पता नहीं। और साथ ही यह भी कहता है कि मैं बेगुनाह कैसे हुआ। क़ानून का ही नहीं पता और ज़ोर से हँसता है।

दूसरा सिपाही कहता है—सही कह रहे हो हुज़ूर। और ये भी सही है कि इसे क़ानून का नहीं पता। और ये भी सही है कि कोई इसको हमारा क़ानून समझा नहीं सकता।

अभिव्यक्ति : अब बेचारा शाम कुमार चुप बैठा है। बिलकुल कन्फ्यूज़ड। उसको समझ में नहीं आ रहा इन गिरे हुए लोगों के साथ वो कैसे पेश आए। वो तो ख़ुद ही कहते हैं वो जो हैं वो हैं। उन चीज़ों के बारे में बोल रहे हैं जिन चीज़ों को वो ख़ुद भी नहीं समझते। उनका सारा रवैया उनकी बेवकूफ़ी के कारण चल पा रहा है।

शाम कुमार बेचारा सोचता है चलो इन गिरे हुए लोगों से बेवकूफ़ कर्मचारियों से क्या बहस करें। कहीं कोई पढ़ा लिखा मेरे मुकाबले का आफ़िसर हाथ लग जाए तो बात बने।

(शाम कुमार कमरे में चहलक़दमी करता है) फिर अचानक रुक कर कहता है— मैं तुम्हारी बेवकूफ़ी भरी बातों में और नहीं उलझना चाहता। मुझे अपने बड़े अफ़सर के पास ले चलो जो क़ानून जानता समझता हो।

ज़ालिम सिंह : बढ़े अफ़सर के पास तभी जाओगे जब वो बड़ा अफ़सर हमसे कहेगा कि इसको लेकर आओ। तब तक तुम नहीं जाओगे। यहीं लटके रहो। अब अगर मेरी सलाह मानो तो चुपचाप अपने कमरे में चले जाओ। शान्त बैठे रहो और

इन्तज़ार करो कि तुम्हारे जुर्म का क्या नमूना बनता है। क्या फ़ैसला होता है, मार दिया जाए कि छोड़ दिया जाए। मैं फिर बोलता हूँ, बेफजूल की बातों से अपने दिमाग़ को और तकलीफ़ मत दो। अपने आप को सँभालो, अभी तो इफ़्तेदाए इश्क़ है रोता है क्या, आगे आगे देखिए होता है क्या? तुमने हमारे साथ वो व्यवहार नहीं किया जो हम जैसे भले आदमियों के साथ किया जाना चाहिए था। तुम ये भूल गए हो कि तुम चाहे जो समझो चाहे जो कहो लेकिन सच ये है कि इस समय तुम्हारे मुकाबले में हम तुम से कहीं ऊपर हैं क्योंकि तुम गिरफ़्तार हो और हम आज़ाद हैं। और आज़ादी सबसे अहम चीज़ होती है। चलो छोड़ो इन बातों को। क्योंकि हम भले लोग हैं इसलिए हम तुम्हारे लिए इतना तो कर सकते हैं कि तुम्हारे पास अगर पैसा हो तो हम सड़क के ढाबे से तुम्हारे लिए नाश्ता मँगवा सकते हैं।

अभिव्यक्ति : शाम कुमार सन्न रह गये। उसे नाश्ता भी भूल गया। और सोचने लगा कि अगर इनको दोनों को पास करके दूसरे कमरे में चला जाए तो शायद वो उसे रोकने की कोशिश नहीं करेंगे। इस समय की हालत से छुटकारा मिल जाएगा। लेकिन फिर उसे ख़याल आया कि अगर कहीं कमबख़्तों ने पकड़ लिया और फर्श पर उसको धकेल दिया तो रही सही इज़्ज़त का मटियामेट हो जाएगा।

शाम कुमार चुपचाप घटनाक्रम को होते देखता रहा और अपने कमरे में बिना कुछ कहे चला गया। कमरे में आकर वो अपने बिस्तर पर बैठ गया। और एक सेब जो पिछली रात को रखा हुआ था उसे छील कर खाने की कोशिश करने लगा। अब यही था उसके पास। जो उसके ज़िन्दा रहने का और भूख मिटाने का सबूत था। क्योंकि वो उस गन्दे लीचड़ ढाबे से नाश्ता कभी नहीं खा सकता। और जाने वो सिपाही के बच्चे उससे और क्या माँगते और बदले में क्या चाहते।

भाव : अचानक शाम कुमार को अच्छा लगने लगा और उसमें एक

आत्मविश्वास आ गया। उसको लगा कि सुबह का इतना वक़्त गुज़र गया और वो बैंक से अपनी नौकरी से अब तक गायब है। क्या वो फ़ोन करके उन्हें अपने रोके जाने का कारण बता दे। उसने सोचा उसे ऐसा कहना भी चाहिए कि नहीं? अब देखिए क़लम के धनी काफ़्का साहब किस ख़ूबसूरती से शाम कुमार जैसे एक आम आदमी के मन में उतर जाते हैं वो लिखते हैं शाम कुमार सोचता है कि बैंक वालों ने उसका विश्वास नहीं किया जो कि हो सकता है वो न करें क्योंकि ऐसे कोई गिरफ़्तार नहीं किया जा सकता। तो वो कम-से-कम आनन्दी बाई को गवाही के तौर पर तो बुला सकता है और शायद वो बुड्ढे बुढ़िया भी गवाही दे दें जो सामनेवाली खिड़की से उसे घूरे जा रहे हैं।
शाम कुमार को लगने लगा कि सोच उसकी भी गिर गई है। क्योंकि बिलकुल वो भी ऐसे ही सोच रहे हैं जैसे वो तीनों आदमी सोच रहे हैं। गिरी हुई सोच, जलालत की ज़िन्दगी, हीन लोगों के साथ जीने से तो अच्छा है कि वह अपने आपको तो मार डाल सकता था। अरे ख़ुद अकेले में तो उसके पास बहुत सारी सम्भावनाएँ थीं।

लेकिन तभी उसने अपने आपसे ये सवाल पूछा—कि वो ख़ुद को ख़ुद की निगाह से ही देख रहा है। और ख़ुद को ख़ुद के तराजू पे ही तोल रहा है। अब ऐसा करने का क्या कारण है? सिर्फ उस बात के लिए अपने आपको मार डालेगा कि सामनेवाले उन तीनों सिपाहियों ने बीच रास्ते से उसका नाश्ता अगवा करके खा डाला। उफ उफ। ये कौन सी सोचने की बात है। इतना बेवक़ूफ़ तो वो कभी नहीं था। और ऐसी बेवक़ूफ़ी की बात तो वो कभी करता ही नहीं तो आज कैसे सोच रहा है। अगर सामनेवालों की सोच इतनी संकरी नहीं होती तो शायद एक रात वो उसे अकेला भी तो छोड़ सकते थे। वो दूर से ही देख सकते थे कि वो क्या कर रहा है। जी रहा है कि मर रहा है। वो अपनी अलमारी की तरफ

बढ़ा। और अपनी क़ीमती शराब की बोतल से उसने एक गिलास दारू पी और कुछ अच्छा महसूस किया—

अभिव्यक्ति : शाम कुमार ने आगे आनेवाले हालात के लिए अपने आप को तैयार किया कि अचानक दूसरे कमरे से बुलावा आया- ओए! बड़े साहब बुला रहे हैं।

घबराहट में शाम कुमार का दाँत गिलास से टकरा गया। शाम कुमार अचकचा गया। ये ठंडी रौबभरी सैनिकों जैसी आवाज। बिलकुल ऐसा लग रहा था जैसे कोई आर्मी का अफ़सर आया हो। शाम कुमार के मन में एक आशा की किरण जगी। धन्य हो। शुक्रिया भगवान! कोई तो आया।

उसने भी चिल्ला कर कहा—आख़िर तो कोई दिमाग़वाला आ ही गया। उसने अपनी अलमारी बन्द की और तेज़ी से कमरे की ओर दौड़ा। लेकिन दो सिपाही बाहर खड़े थे जो हाथ खींच कर वापस उसके कमरे में लाए और बोले।

शारदूल सिंह : ओए तू अपने आपको समझता क्या है? बड़े साहब के पास जा रहा है। ये ही कपड़े पहन कर जाएगा? ये कर क्या रहे हो? कपड़े बदलो अपने। तमीज़ से पहनो। उसके सामने पड़ जाओगे न, तुम्हें भी दो लगाएगा, हमें भी।

शाम कुमार : भगवान के लिए मैं जैसा हूँ वैसा ही उसके सामने जाने दो मेरा टाइम ख़राब नहीं करो। पहले तो तुम मेरे कमरे में घुसते हो, फिर मुझे बिस्तर से निकालते हो, फिर तुम क्या उम्मीद करते हो कि मैं बिस्तर में काला सूट पहनकर सो रहा था?

शारदूल सिंह : तुम्हारी इस बकवास का कोई फ़र्क़ नहीं पड़ने वाला कि तुम क्या पहन कर सोये थे पजामा या पैंट। वहाँ ये कपड़े पहन कर जाओगे तो हमारा आफ़ीसर नंगा कर देगा। कपड़े बदलो। *शाम कुमार बड़बड़ाते हुए— ये फार्मेलिटीज़ सब बकवास। आदमी की जान जा रही है और ये कोट पहना रहा है। ऐसी कोई औपचारिकता मैं नहीं निभाऊँगा। नहीं पहनूँगा, नहीं पहनूँगा।*

भाव : मगर इस सबके बाद भी शाम कुमार ने कुर्सी पर रखी जैकेट उठाई और सिपाहियों को दिखाई। और पूछा ये पहन लूँ? काफ़्का साहब के लिखने में बार बार उनका अपना जीवन किसी डरे हुए बच्चे की तरह पर्दे के पीछे से झाँकता नज़र आता है जिस ज़माने की वो पैदाइश थे उस ज़माने में यूरोप महायुद्ध की त्रासदी से गुज़र रहा था सब कुछ कटा-फटा-अलग-अलग टुकड़ों में बँटा हुआ था उसका असर जनाबे आली काफ़्का साहब पर तो पड़ना ही पड़ना था वो अन्दर से इतने अकेले हो गये थे कि समाज से ही कट गये — उन्हें कोई भी सत्ता अच्छी नहीं लगती थी कोई भी माने कोई भी अथारिटी—फिर वो अथारिटी चाहे आपकी हो या उनके बाप की— काफ़्का साहब की किसी से न पटी फिर बिचारे काले कोट की तो विसात ही क्या—कहते हैं कि काफ़्का की मंगेतर ने अपने घरवालों से जब कहा—काफ़्का एक हाई क्लास आदमी है तो काफ़्का बेचैन हो उठे—गर्ल फ्रेंड के हज़ार कहने पर सूटबूट पहनकर चले गये पर होनेवाली रिश्तेदारों के सवालों के कटघरे मे खड़े होकर इतना छटपटाये इतना छटपटाये पर मंगेतर को जनाब जर्मनी ही छोड़ आये। उनका मंगेतर को बिना सगाई छोड़ आना ही उन्हें जब सही नहीं लगा तो उन्होंने ने समन्दर किनारे एक होटल में अपने आप को ख़ुद नज़रबन्द कर लिया। नहीं नहीं जनाब फिर वो हुआ जो कोई सोच नहीं सकता, एक कमरे में 7 दिन अकेले गुज़ार के उन्होंने जो किताब लिख डाली उसने यूरोप में तहलका मचा डाला **जानते हैं किताब का नाम क्या था...द ट्रायल—गिरफ़्तारी।**

कोरस : यही काफ़्का है फ्रांत्स काफ़्का
जो हुआ न अपने आपका
जिसे ख़ौफ था उस विश्वास का
जिसका टूटना साफ़ था
वही झूठ, वही छल कपट जो,
आधार था उस समाज का

ये काफ़्का फ्रांत्स काफ़्का
जो हुआ न अपने आप का

दृश्य परिवर्तन

ज़ालिम सिंह : हरगिज़ नहीं, हरगिज़ नहीं ये कोट तो हरगिज़ नहीं?

शाम कुमार : तो मैं ये सब कोट पतलून किस कमबख़्त के लिए पहन रहा हूँ?

(दोनों सिपाही मुस्कराए)

शारदूल सिंह : कह जो दिया। ब्लैक कोट माने ब्लैक कोट, बन्द गले का कोट माने बन्द गले का कोट। काला बन्द गले का कोट।

शाम कुमार : अच्छा काला बन्द गले का कोट पहन लेता हूँ अगर इसी से तुम लोगों से छुट्टी मिल जाए और मेरी जान छूटे।

दृश्य परिवर्तन

अभिव्यक्ति : शाम कुमार ने अलमारी खोली और बन्द गले का काला कोट निकाला और पहन लिया। ये उसका सबसे महँगा कोट था जो उसने बाम्बे डाइंग के सबसे महँगे कपड़े से सिलवाया था। जब पहली बार उसने यह कोट पहना था तो बैंक के कर्मचारियों में हलचल मची थी। देखो शाम कुमार का कोट, देखो शाम कुमार का कोट। उसे मन-ही-मन लगा कि अब उसका ज़ल्द छुटकारा हो जाएगा। उसने कर्मचारियों की निगाह बचाकर बिना नहाए काला कोट पहन लिया और पानी से अपने बाल सँवारे। कमरे के बाहर निकलने लगा। अगला कमरा रूपमती का था, जो उसकी पड़ोसन थी और एक आफ़िस में टाइपिस्ट थी रूपमती अलस्सुबह काम पर निकल जाती थी, और शाम को बहुत देर से वापस लौटती थी। वो शाम कुमार सिवाय एक-दूसरे को नमस्कार करने के गुड मार्निंग कहने के अलावा कुछ नहीं बोलते थे लेकिन आज

उसी रूपमती के कमरे में आफ़िसर बैठा था। ऐसा लगता था जैसे वो कोई कमरा न हो बल्कि इंटेरोगेशन सेंटर हो। यानी पूछताछ का दफ़्तर। एक भारी आदमी अपना हाथ कुर्सी के पीछे लटकाकर बैठा था। उसके साथ तीन नौजवान भी थे।

अचानक भारी आदमी अपनी मेहँदी रंग की छोटी दाढ़ी खुजाते हुए बोला।

दृश्य परिवर्तन

भारी आदमी : (हुँ) शाम कुमार! शाम कुमार ही हो न तुम? हो सकता है तुम्हें बहुत अजरज हुआ हो कि सुबह-सुबह तुम्हारे साथ ये क्या हुआ?

शाम कुमार ने ज़ल्दी ही बोला— बिलकुल बिलकुल। ज़रा देखिए तो सही क्या नामाकूल हरकत हुई है मेरे साथ। मैं तो आ ही गया सकते में। मैं सरपराइज़ हुआ।

तब तक बड़े अफ़सर ने बोला—लेकिन बहुत ज़्यादा सरपराइज़ नहीं हुए। तुम्हें बहुत ज़्यादा अचरज नहीं हुआ।

शाम कुमार ज़ल्दी ही बोला—नहीं नहीं बड़े साहब, आप शायद मुझे ठीक से समझ नहीं पाए। मेरा मतलब क्या मैं बैठ सकता हूँ? मैं सच में बहुत अचरज में हूँ लेकिन जब आप इस दुनिया में ज़िन्दगी के 30 साल गुज़ार चुके होते हैं, तो आपको अपना रास्ता ख़ुद ही तलाशना होता है। अपनी मुश्किलों का सामना ख़ुद ही करना होता है और इससे आप इतने कठोर और मज़बूत हो जाते हैं कि आप आसानी से अचरज में पड़ते ही नहीं। आप सभी चीज़ों को बहुत गम्भीरता से भी नहीं लेते। जैसे आज ही कि बात लीजिए न।

बड़ा अफ़सर बीच में ही टोक कर...आज ही की बात क्यों लें।

शाम कुमार : मैं ये नहीं कह रहा कि मैं आज सारी घटना को किसी बेहद बुरे मज़ाक के तौर पर नहीं ले रहा क्योंकि जिस तरह मेरी गिरफ़्तारी हुई है उस तामझाम को देखकर ये मज़ाक तो नहीं लगता। अगर ये मज़ाक होता तो आप सारे बंगाली बासे के हर कमरे में रहनेवालों को सूचना देते। उन्हें अपने विश्वास में लेते। और वो सब मज़ाक की आख़िरी हदों से भी बाहर होता तो मैं ये तो हरगिज़ नहीं कहूँगा कि ये मज़ाक है।

बड़ा अफ़सर : एकदम दुरूस्त।

शाम कुमार : लेकिन साथ में मैं ये भी सोचता हूँ कि ये मामला कोई इतना महत्त्वपूर्ण भी शायद नहीं है। वो मैं इस बात पर कह रहा हूँ कि मुझे किस गुनाह के तौर पर गिरफ़्तार किया है और मुझे बिलकुल याद नहीं आ रहा कि मैंने आख़िर कौन-सा जुर्म किया है। किसी तरह से इस हाल का जस्टीफ़िकेशन मुझे समझ में नहीं आता—व्हाइ—क्यों? किसलिए? कौन है इसके पीछे? लेकिन ये तो बहुत छोटी-छोटी बातें हैं। बड़ी बात तो यह है कि आख़िर वो है कौन जो मुझ पर अभियोग लगा रहा है। कौन है वो शख़्स जो मुझे आरोपी ठहरा रहा है। कौन है जो मुझे गुनहगार बता रहा है। और जो भी है वो किस अधिकार के साथ मुझ पर अभियोग चला रहा है। मिसाल के तौर पर तुम्हीं कौन हो? कौन से आफ़िसर हो तुम। जिस तरह के कपड़े तुम पहने हुए हो ये भी तब तक नहीं मिलते जब तक तुम किसी तरह की सत्ता के आर्मी में शामिल न हो। और जैसी यूनीफ़ार्म तुमने पहनी हो उससे तो ये ज़्यादा लग रहा है कि तुम किसी सफ़र पर निकले हो। मैं इन तमाम सवालों का जवाब आपसे चाहता हूँ, मिस्टर? तब तमाम सवालों की सफ़ाईदेना चाहता हूँ। मुझे उम्मीद है कि जब मैं अपनी सफ़ाई आपको दे दूँगा तो हम दोनों आपसी समझदारी के साथ इसी टेबल पर बैठकर इस तमाम मामले को सुलझा लेंगे।

बड़ा अफ़सर : ग़लत! भारी ग़लती कर रहे हो तुम। ऐसा कुछ नहीं होगा। देखने में एक नामालूम से आदमी लगते हो। तुम्हें अभी सारे मसले का कुछ पता ही नहीं है। हम चाहे कोई सी भी यूनिफ़ार्म पहने होते तब भी जो कुछ तुम्हारे साथ घटा है कि कौन है इसके पीछे और कौन है इसके पीछे हमें नहीं पता है। मैं तो ये भी नहीं जानता हूँ कि तुम गुनाहगार हो भी कि नहीं। मैं जानता हूँ तो सिर्फ एक बात कि तुम सच में अंडर अरेस्ट हो। इससे ज़्यादा मुझे कुछ नहीं पता। ये दोनों सिपाहियों ने जो कुछ बकवास की है उसे भी तुम सिर्फ अफ़वाह मानो, सुनी, सुनाई बातें मानो। हाँ, मैं तुम्हें एक नेक सलाह दे सकता हूँ कि जो कुछ तुम्हारे साथ हो रहा है, हो चुका है, होने जाएगा उसके बारे में ज़्यादा मत सोचो और अपनी बेगुनाही को लेकर ये खामख़याली मत पालो क्योंकि कुछ बदलने जा रहा है। तुम्हारा इस समय का व्यवहार ही तुम्हारा भविष्य तय करेगा। इसलिए एक नेक सलाह दूँ तुम्हें अपने आप को क़ाबू में रखना चाहिए। अपनी भाषा, बोली पर नियन्त्रण रखना चाहिए और बार-बार ये बात नहीं दोहरानी चाहिए— मैं बेक़सूर हूँ, मैं बेक़सूर हूँ, मुझे क़सूरवार किसने ठहराया? कौन लोग हैं इसके पीछे? इन सवालों के फन्दे मत डालो क्योंकि शब्दों में और अफ़वाहों में तुम और उलझते जाओगे।

दृश्य परिवर्तन

भाव : शाम कुमार ने बड़े अफ़सर की तरफ घूरकर देखा और सोचा कि क्या मैं कोई स्कूल का बच्चा हूँ जिसने जुबान खोली है तो उसे क्लास में खड़े रहने की सज़ा दी गयी है। वो जो सामने बैठा है वो तो उम्र में मुझसे छोटा है क्या सच में उसे किसी तरह मालूम नहीं पड़ेगा कि उसे क्यों गिरफ़्तार किया गया और किसने उसे गिरफ़्तार कराया। अब शाम कुमार विद्रोह पर उतर आए। वो बड़ी तेज़ी से कमरे में ऊपर-नीचे ऊपर-नीचे चक्कर लगा रहा था और कोई भी उसके

तेज़ी से चक्कर लगाने पर नहीं बोल रहा था। सहसा उसने अपनी क़मीज़ की बाहें चढाईं। छाती पर हाथ रखा। उलझे बालों में उँगलियाँ फिराईं और तीनों सिपाहियों के सामने से ऐसे गुज़रा जैसे वो ख़ुद कोई अफ़सर हो।

शाम बोला : ये जो कुछ हो रहा है न ये फिज़ूल है। बकवास है। बेवकूफ़ी से भरा है। उतना कहते ही वो तीनों आदमी बड़ी बेचारगी से शाम कुमार को देखने लगे जैसे उसके साथ सहानुभूति प्रकट कर रहे हों।

और तब तक शाम कुमार बड़े ऑफ़ीसर की टेबल पर भी पहुँच गया। और बोला

दृश्य परिवर्तन

शाम कुमार : ये मत समझना कि मेरा कोई नहीं है। अतुल माथुर वकील वो जो सरकार का अपना वकील है मेरा गहरा दोस्त है क्या मैं उसे फ़ोन कर सकता हूँ?

बड़ा अफ़सर बोला—क्यों नहीं। क्यों नहीं। लेकिन मैं ये नहीं जानता कि उससे तुम्हारा बनेगा क्या? क्या बात करना चाहते हो। कोई प्राइवेट बात है क्या?

शाम कुमार चिल्लाया—क्या बकवास है? क्यों मना कर रहे हो फ़ोन करने से? तुम कौन हो जो बड़े अफ़सर बनकर बैठे हो यहाँ? मुझ से कहते हो ये फ़ोन करना बेफज़ूल है, और तुम लोग जो बेफज़ूल की बातें और बेवकूफ़ी की हरकतें कर रहे हो उससे तो शर्म के मारे कोई पत्थर भी पिघल जाए। सोचो ज़रा क्या किया है तुम लोगों ने? सबसे पहले सुबह-सुबह ये सिपाही आते हैं मुझ पर झपटते हैं। मुझे कमरे से बाहर नहीं निकलने देते। फिर जब मैं बाहर आता हूँ तो चारों तरफ मुझे घेरकर खड़े हैं आप लोग। और उम्मीद कर रहे हैं कि मैं आपके हर हुकुम को बजाऊँगा, नाच कर दिखाऊँगा? क्या समझते हैं आप लोग? अजीब सी बेवकूफ़ी बातें करते हो। एक तरफ कहते हो मैं अंडर

अरेस्ट हूँ गिरफ़्तार हो। अरे जब मैं गिरफ़्तार हूँ तो अपने वकील को फ़ोन तो करूँगा न। जाओ नहीं करता फ़ोन। बड़ा अफ़सर बोलता— मगर करो न। मना किसने किया। करो न फ़ोन। करो करो।

शाम कुमार : नहीं अब करूँगा ही नहीं? और खिड़की की तरफ चला गया। तभी उसने देखा— दूसरी खिड़कियों पर चार-पाँच लोग खड़े हुए थे।

शाम कुमार झल्लाकर बोला— देखो, देखो इस तमाशे को देखने आए हैं तमाशबीन। हटो खिड़कियों से। कोई तमाशा हो रहा है? (सभी लोग खिड़की से हट गए। बुड्ढे-बुढ़िया एक-दूसरे के पीछे छिपने की कोशिश करने लगे। दूर से ऐसा लग रहा था कि वो कुछ समझाने की कोशिश कर रहे हैं।)

शाम कुमार : ज़िददी। बेवकूफ़ तमाशबीन कहीं के।

दृश्य परिवर्तन

भाव : देखा साहब आपने शाम कुमार बिचारे को पता ही नहीं कि वो गुनाहगार क्यों है? गुनाह है तो क्या है? सज़ा है तो क्या है? है तो कितनी है और सबसे बड़ा सवाल सज़ा देनेवाले ये होते कौन है?

कोरस : ये पूरक है इस समाज का
ये गुनाह है मेरा और आपका?
क्यों भुगत रहे है वो सज़ा
है पता नहीं जिस अपराध का
ये है काफ़्का फ्रांत्स काफ़्का
प्रतिबिम्ब अपने आपका

फेड आऊट

अभिव्यक्ति : अब ले चलूँ आपको वापस कमरा नम्बर दो में जहाँ शाम कुमार की दिमाग़ की नसें फटने जा रही हैं वो चिल्ला रहा

है। बेबस होकर चिल्ला रहा है। बेबसी में आदमी कर ही क्या सकता है सिवाय झल्लाने के चिल्लाने के।

कमरा नं. दो

शाम कुमार : आप फिर मेरे कमरे में क्या करने आ गये। मैं अभी आपके उस ऑफ़ीसर से माथा मारकर आ रहा हूँ। लौटकर देख रहा हूँ तो आप दोनों भूत की तरह मेरे पीछे लगे हैं यहाँ क्या कर रहे हैं?

शारदूल सिंह : अरे क्यूँ मेरे मरने से पहले ही मुझे ज़िन्दा भूत बना दिया है— अरे अभी तो तुझे भूत बनाया जा रहा है अपनी शक्ल देख शीशे में— भूतों का ताऊ लग रिया है— है न भाई ऽऽऽ मेरे सरकारी सिपाही ऽऽऽ

(दूसरा सिपाही ज़ोर ज़ोर से हँसता है)

शाम कुमार : चुप बिलकुल चुप— मैं ये बदतमीज़ी बरदाश्त नहीं करूँगा।

शारदूल सिंह : नहीं करोगे वो मेरा कौन-सा कद्दू काट लोगे?

शाम कुमार : बदतमीज़ी की हद होती है बेशर्म लोगों, अब तुम क्या मेरे साथ बाथरूम भी जाओगे।

शारदूल : (नाक पर हाथ रखते हुए) नहीं नहीं वहाँ तुम अकेले ही जाओ। ऐसी जगह जेल में भी अकेले ही भेजते हैं। और तुम अभी जेल में थोड़े ही हो सिर्फ गिरफ़्तार हो।

शाम कुमार : वाह क्या अज़ब ग़ज़ब गिरफ़्तारी है—

शारदूल : वही तो बताने आया था 9 बज गये हैं यहाँ खड़ा मत रह- काम पे नहीं जाएगा क्या?— जा जा बैंक जा नहीं तो वहाँ भी लाइन हाज़िर हो जाएगा।

शाम कुमार : यानी मैं अब आज़ाद हूँ? अपने बैंक जा सकता हूँ? तुमने और तुम्हारे थानेदार ने अपनी ग़लती मान ली? थैन्कयू - थैन्क यू गॉड। जाओ मैंने तुम सब को माफ़ किया।

शारदूल : चुप बे हमें कौन-सी माफ़ी दे रहा है।

शाम कुमार : तुमने मेरे कमरे में सुबह सुबह तूफ़ान खड़ा किया— उसकी माफ़ी।

मेरा दिल दुःखाया उसकी माफ़ी।

मेरा नाश्ता खाया–उसकी माफ़ी।
मेरा वक़्त ख़राब किया उसकी माफ़ी।

शारदूल : अरे ओ जज साहब, तुम रात का सपना दिन में देखना बन्द करो। तुम गिरफ़्तार हो, गिरफ़्तार रहोगे। ये बैंक जाना तुम अकेले नहीं कर रहे हो। ये देख रहे हो ये तीन, ये तुम्हारे साथ बैंक जाएँगे। तुम पर निगाह रखेंगे। क्या करें तुम इतने प्यारे जो हो— (फिर हँसता है)

दृश्य परिवर्तन

भाव : ये लीजिये साहब— शाम कुमार की थोड़ी–सी ख़ुशी जो दरअसल में ज़िन्दगी की सबसे बड़ी ख़ुशी है। रिहा हाने की ख़ुशी, आज़ादी की ख़ुशी, काफ़्का साहब ने शाम कुमार से एक मिनट में छीन ली। काफ़्का की क़लम किसी सूफ़ी सोच की सी क़लम है जो क़ैद में रिहाई ढूँढ़ती है और रिहाई में क़ैद का एहसास कराती है। यही बात थी जो इस 20वीं सदी के लेखक को सबसे अलग एक नयी पहचान दिला गयी। लेकिन पहचान मिली उसके मरने के बाद। उसके जीते जी तो वो एक आम आदमी बना आम आदमी का मन टटोलता रहा, पर मरने के बाद से आजं तक, आज तक क्या अभी तक क्या, इस पल तक, इस मंच तक छायावादी लेखनी का क्रान्तिकारी बना हमारे आस–पास घूम रहा है। देखिये वो आ रहा है आपके बीच से बैंक में घुसने ही वाला है बड़ी ज़ल्दी है उसे। वक़्त का पाबन्द है न। वो तीन उसके पीछे चले आ रहे हैं उसके निगाहबान। उस पर नज़र रखने वो शेर आपने सुना है— ये आपकी नज़र है।
नज़र सनम ने, नज़रबाज़ को,
नज़र मिलाते नज़र से देखा
नज़र पड़ी जो नज़र के ऊपर
नज़र झुकाते नज़र ने देखा।
ये काफ़्का की अपनी नज़रबन्दी है।

दृश्य परिवर्तन

(बैंक का सीन दो-चार लोग बैठे टाइप कर रहे हैं पीछे बैंक का एक काऊन्टर है)।

शाम कुमार : (उखड़ा, उखड़ा) गुड मार्निंग, नमस्ते शर्मा साहब माफ़ कीजिये आने में देर हो गयी।

शर्मा : अरे देर कहाँ हो गयी तुम तो जन्म लेते ही बैंक आ गये –भई केक लाओ शाम कुमार से कटाओ—भई शाम कुमार –हैप्पी हैप्पी हैप्पी बर्थ डे टू यू।
(बैंक के ऑफ़ीसर मिलकर चिल्लाते है गाते है हैप्पी बर्थ डे टू यू)।

एक अफ़सर : अरे भाई केक लाओ एक बड़ा-सा चाक़ू लाओ केक काटने के लिये। हमारे बेहद क़ाबिल आफ़ीसर शाम जी का जन्म दिन है आज 30 साल के हो गये जनाब, पर अब तक तीस लड़कियाँ नहीं फाँस पाये।
(सब हँसते हैं)

दूसरा आदमी : क्यों जनाब आज कुछ नया होगा? या वो बार वाली लड़की दीपा के पास ही जाओगे। अरे आज तो नया होना चाहिए। सब कुछ नया। अरे हमारी शुभकामनाऐं हैं उम्र जब हो तीस की, सोच तब हो बीस की, ज़ेब में लिस्ट हो लड़कियाँ चालीस की (सब हँसते हैं)। शाम साहब 40 लड़कियों की लिस्ट का मतलब जानते हो 20 अगर नहीं फँसीं तो 20 तो फँसेंगी यानी फिफ्टी-फिफ्टी। सब हँसते हैं और शाम कुमार भी ज़ोर से हंस पड़ता है।

दृश्य परिवर्तन

अभिव्यक्ति : दरअसल शाम कुमार साहब रात को घर जाते समय एक छोटी सी दारू की दुकान पर ज़रूर बैठते थे—दीपा उसके मालिक की लड़की थी जो पैसों के लिये कभी-कभी शाम कुमार जैसे पर मेहरबान हो जाती थी— क्यूँ आप जनाब इतने Shocked क्यूँ नज़र आ रहे हैं? क्या कहा मैं लड़की

होकर इस तरह की खुली बात कैसे कर सकती हूँ? देखा देखा ना यही तो काफ़्का का दर्द था जो उसकी लेखनी में उतरा वो आपकी और मेरी बात करता है खुली बातें करता है। क्यूँ जनाब ये किसने तय किया कि मैं लड़की हूँ तो ऐसी बात यानी खुली बात नहीं कर सकती? क्या होगा खुली बात कर लेने से? करेंगे जो— वो तो आप सब मर्द ही करेंगे न? तो पहले आप अपना करना रोकिये, मेरी खुली बात नहीं– हाँ तो मैं कह रही थी कि बैंक के माहौल से अचानक शाम कुमार को अच्छा लगने लगा, वो बोला।

दृश्य परिवर्तन

शाम कुमार : अरे गुप्ता जी क्या बात कही है पर ये चालीस की लिस्ट सँभालूँगा कैसे? यूँ करो गुप्ता जी— मैं एक दो से काम चलाता हूँ बाकी की लिस्ट आपके नाम से मिसेज गुप्ता को दे आता हूँ। (सब हँसते हैं)

दृश्य परिवर्तन

भाव : इस हँसने–हँसाने के माहौल में एक बार शाम कुमार को लगा कि अब सब कुछ नार्मल है। बैंक में किसी को कुछ ख़बर नहीं है कि उसके साथ क्या हुआ, क्या हो रहा है। उसे लगने लगा कि अगर ये गिरफ़्तारी है, तो कोई ख़ास बुरी नहीं। दिन गुज़रा। शाम कुमार ने आज पहले घर जाने का डिसीजन लिया। आज सुबह से लिया गया ये एक निर्णय उसका अपना था। बैंक से निकलते ही उसे बिजली के खम्भे के नीचे बकरी की दाढ़ी जैसे एक काईंया आदमी अपनी तरफ घूरते मिला। अब उसे फिर याद आई अपनी नज़रबन्दी। क्या ये आदमी भी उनका जासूस है? शाम कुमार लैम्प पोस्ट से आगे निकलकर पीछे मुड़ा ये देखने कि ये आदमी कहीं पीछा तो नहीं कर रहा है? आदमी वहीं खड़ा शाम कुमार को तीखी

नज़रों से घूर रहा था। शाम कुमार ने मुँह फिर आगे कर लिया, और अचानक तेज़ी से भागने लगा। उसने अपने घर का रास्ता बदल दिया। भागता रहा, भागता रहा इस गली उस गली— उसे लगा कि दो आँखें उसकी पीठ पर चिपक गयी हैं। (शाम कुमार पूरी स्टेज़ पर भागता है छोटी दाढ़ी वाला आदमी उसके पीछे भागता है, कभी मंच पर, कभी दायें, कभी बायें और कभी नीचे दर्शकों के बीच में)।

भाव : वो भागता रहा—कई बार हमें भी ऐसा लगता है, जैसे कोई हमें देख रहा है। तब चौंककर हम वो कर डालते हैं जो हम करना नहीं चाहते। देखिये जनाब झूठ मत बोलिये। ये अनदेखी आँखें आपका पीछा ज़रूर करती हैं। अरे ये तो शाम कुमार कहाँ पहुँचे मैं भी भागता हूँ उन्हें पकड़ने काफ़्का के (भागते हुए) चरित्र ऐसे ही भागते हैं कि पकड़ना मुश्किल और पकड़ जाएँ तो छोड़ना मुश्किल—अरे शाम कुमार जी... कहक़र मंच से बाहर निकल जाता है।

दृश्य परिवर्तन

(शाम कुमार अपने घर पहुँचकर आनन्दी के कमरे के सामने ज़ोर-ज़ोर से चिल्ला रहा है आनन्दी ओ आनन्दी। आनन्दी बाहर आती है।)

शाम कुमार : आनन्दी अब तो बताओ ये सुबह का नाटक क्या था?

आनन्दी : मैं कुछ नहीं जानती न कुछ कहने की इजाज़त है मुझे अपने कमरे में जाओ बाबू चाय लाती हूँ। जाओ न बाबू चाय लाती हूँ। बात को समझा करो जाओ। मैं चाय लाती हूँ।

शाम कुमार : अरे वाह अजीब गोरख धन्धा है। सुबह चाय माँगी जो तुमने दी नहीं अब माँग नहीं रहा हूँ तो दे रही हो— क्यूँ?

शाम कुमार : तुम्हें ज़रूर सब पता है। कौन थे ये लोग? अब कहाँ गये? क्यूँ आये थे? तुम्हें नहीं पता तो तुमने पुलिस क्यू नहीं बुलाई? अनजान लोगों को घर में क्यूँ घुसाया?

आनन्दी : किसने कहा वो अनजान लोग हैं। और पुलिस को बुलाकर

क्या करती? जब वो ख़ुद ही यहाँ थी। देखो बाबू ज़्यादा मत पूछो। मुझे क्यूँ मुसीबत में डालते हो मैं ठहरी अनपढ़, भोली।

शाम कुमार : ओ हो— तुम इतनी भोली नहीं हो जितना अपने आपको जताती हो। देखो आनन्दी मैंने तुम्हारी कितनी बार हैल्प की कितने बार तुम्हें एडवांस पैसा दिया। तुम वो सब भूल गयीं? भगवान के लिये बताओ वो क्यूँ आये थे यहाँ।

आनन्दी : बाबू मुझे उन्होंने कुछ नहीं बताया। पर मैंने खिड़की के पीछे से जो सुना, उसका मतलब कुछ ऐसा निकलता है कि तुम कुछ सोचते या बोलते हो या लिखते हो जिसका असर उन लोगों के ख़िलाफ़ जा रहा है इसीलिये तुम्हारी जुबान बन्द करने की तैयारी चल रही है। वो तुम्हारी सोच को गिरफ़्तार करना चाहते हैं।

(चौंक कर) क्या ... नहीं ऐसा नहीं हो सकता तुमने ग़लत सुना होगा। मैं रूपमती से पूछूँगा। वो पढ़ी-लिखी है। उसे ज़रूर पता होगा।

आनन्दी : (चिढ़कर) हाँ, उसी से पूछ लो पर चाभी तो मैंने दी थी उसके कमरे की। और सुन लो, वो लोग अभी भी वहीं हैं। तुम अपने कमरे में जाओ।

शाम कुमार : तुम्हें क्या है मैं किसके कमरे में जाऊँ— तुम भी उनसे मिली हुई हो क्या? चली आईं उसको चाभियाँ पकड़ाने वाली - तुम्हें तो इस जुर्म में गिरफ़्तार करवा देना चाहिए।

आनन्दी : मेरा मुँह न खुलवाओ, मुझे तो गिरफ़्तार जब करवाओगे तबकी तब देखेंगे अपनी सोचो— तुम तो गिरफ़्तार हो।

शाम कुमार : चिल्लाकर— आनन्दी बाई

आनन्दी : चिल्लाओ मत। जाओ जाओ रूपमती से बात करो। पता लगाओ। तुम्हारे क्या होने वाला है? हमारा क्या है। जब हश्र का दिन आयेगा उस वक़्त देखा जाएगा। जन्मदिन मुबारक हो साहब।

दृश्य परिवर्तन

अभिव्यक्ति : देखा आपने। शाम कुमार तो भूल ही चुका था कि उसका जन्मदिन था। वह एक नये फन्दे में फँसता चला जा रहा था। ये सोच की गिरफ़्तारी क्या है? मैं कोई राजनेता नहीं, विद्रोही नहीं, आतंकी नहीं, टैररिस्ट नहीं, माओसिस्ट नहीं, लेफटिस्ट नहीं, फंडामैंटलिस्ट नहीं। मैं तो आम आदमी हूँ। तो फिर क्या सत्ता आम आदमी की सोच से घबरा गयी है? शाम कुमार कमरे में गया ही नहीं। बाहर के बरामदे में टहल-टहलकर रूपमती का इन्तज़ार करता रहा। वो सोच रहा था कि वो रूपमती से पूछेगा कि वो लोग कौन हैं? वो पढ़ी लिखी समझदार है। उसके कमरे में उन्होंने डेरा डाला था। उसे ज़रूर मालूम होगा। रात के 11 बजे ठंडी हवा के झोंके-सी आधे नशे के सुरूर में रूपमती आई तो जैसे शाम कुमार की जान में जान आई। वो बोला

दृश्य परिवर्तन

शाम कुमार : हलो रूपमती।

रूपमती : हलो शाम— बाहर क्यूँ टहल रहे हो किसी का इन्तज़ार है क्या?

शाम कुमार : हाँ है तुम्हारा इन्तज़ार है। मुझे तुमसे कुछ पूछना है?

रूपमती : आज तक तो मेरा इन्तज़ार तुमने कभी किया नहीं आज क्या ख़ास है?

शाम कुमार : है ख़ास है तुमसे कुछ पूछना है, तुम्हारे कमरे में चलें?

रूपमती : मेरे कमरे में क्यूँ? मुझे अपने कमरे में लोगों का आना जाना पसन्द नहीं।

शाम कुमार : नहीं पसन्द तो तुम्हारे कमरे में सुबह वो 6 वर्दीधारी क्या कर रहे थे?

रूपमती : क्या कह रहे हो मैं तो सुबह ही चली गयी थी। चाभी आनन्दी के पास रहती है। मैंने तो किसी को आने की इजाज़त नहीं दी।

शाम कुमार : तो फिर वो कैसे अन्दर आए। तुम्हारा कमरा तहस-नहस कर दिया और तुम्हें पता नहीं?

रूपमती : क्या कह रहे हो चलो— देखूँ आनन्दी आनन्दी चाभी दो। (दोनों आनन्दी के कमरे की तरफ जाते हैं।)

दृश्य परिवर्तन

भाव : कमरे में जाने से पहले तूफ़ान खड़ा हो गया लेकिन दरवाज़ा खुलते ही सन्नाटा पसर गया— कमरा बिलकुल चुस्त-दुरूस्त बिलकुल वैसा था जैसा रूपमती ने छोड़ा था। शाम सकते में आ गया कि सुबह कमरे में भूचाल आया था। शाम तक कमरा किसने इतनी सफ़ाई से जैसे का तयसा कर दिया। जैसे कुछ हुआ ही न हो।

रूपमती : ये तो सब वैसा ही है जैसा मैंने छोड़ा था। कोई आया था इसका तो कोई निशान ही नहीं है यहाँ। ये क्या तमाशा है?

शाम कुमार : ये किसने कमरा ठीक किया? ये सब उलट-पलट कर चुके थे वो लोग। रूपमती— कौन थे वो लोग?

रूपमती : तुम ठीक तो हो न। लगता है तुम्हारी तबीयत कुछ ढीली है। अच्छा चलो कमरे में आओ। तुम वाईन पियोगे? मैं तुम्हारे लिये म्यूजिक लगाती हूँ। तुम इस चाँद रात में बेकार के सवालों में क्यूँ उलझ रहे हो? कौन था? क्या था? क्यूँ था? जो था वो सब चला गया। जो है उस पर ध्यान दो जैसे कि मैं। मिसाल के तौर पर सच यही है कि ये कमरा मेरा मैं कमरे में हूँ और तुम कमरे में हो और हम दोनों कमरे में अकेले हैं।

हम तुम एक कमरे में बन्द हों और चाभी खो जाय नहीं नहीं और आनन्दी आ जाए। डोन्ट वेस्ट टाइम शाम। गुज़र रही है एक हसीन शाम।

आओ न शाम मेरे पास बैठो।

शाम कुमार : (कुछ सोचते हुए) तुम मेरे सवाल टाल रही हो या सच में इस समय मेरे साथ होना चाहती है।

रूपमती : तुम्हारे सवाल हवा में उछल गये हैं। अपना जवाब ख़ुद ही ढूँढ़ लेंगे। तुम कहते हो वो तुम्हारी सोच को गिरफ़्तार करना चाहते हैं, है न। आओ मैं तुम्हारे बदन को आज़ाद करूँ सोच ख़ुद बख़ुद आज़ाद हो जाएगी।

आओ न

म्यूजिक ये है रेश्मी ज़ुल्फ़ों का अँधेरा न घबराइये

(रौशनी फेड आऊट हो जाती है)

अचानक दरवाज़े पर ज़ोर से धड़धड़ होती है। रूपमती घबरा कर बत्ती ऑन करती है। (फुसफुसाती है) कौन होगा इतनी रात को? दरवाज़ा फिर ज़ोर से भड़ भड़ करता है। रूपमती शाम कुमार से चिपक जाती है। शाम कुमार उसे भींच लेता है।

शाम कुमार : डरो मत मैं हूँ न। पर आवाज तो तुम्हारे ही साथ के कमरे से आ रही है कोई मेहमान है क्या?

रूपमती : मेहमान— अरे हाँ आनन्दी का भांजा ठहरा है। वो फौज़ में कप्तान है। और कोई जगह नहीं थी दो रात को कमरा उसने लिया है। अब तुम जाओ, जाओ यहाँ से।

शाम कुमार : रूपमती को चूमने की कोशिश करता है
रूपमती अपने आप को छुड़ाने की।

रूपमती : जाओ बस मत करो ये सब मैं थकी हुई हूँ मैं डरी हुई हूँ जाओ— नहीं तो मैं शोर मचा दूँगी— जाओ।

भाव : ये है काफ़्का की गिरफ़्तारी। वो अपने किरदार को वारंट की तल्ख़ियाँ भुलाकर रूह की आज़ादी ढूँढ़ने को कहता है। वो क़ैद में रिहाई चाहता है रिहाई में क़ैद। ये सोच एक सच्ची सूफ़ी सोच है। सधी क़लम का ये उपन्यास ट्रायल, जीवन कोरी कल्पना नहीं है। काफ़्का के सच में नज़र आती है

आपकी, मेरी, इसकी, उसकी बात, जिस पर है काफ़्का की छाप। नाटक को आगे बढ़ाते है और रात की कहानी की और डिटेलस में न जाकर अगले दिन की सुबह पर आते है। शाम कुमार गुज़रे वक़्त को एक डरावना सपना समझ कर भूलने को तैयार हो सुबह को नयी सलाम कर उठते हैं। आफ़िस जाते हैं।

दृश्य परिवर्तन

आफ़िस का दृश्य

शाम कुमार : नमस्ते वर्मा जी।

वर्मा जी : आ गये नये बच्चे।

गुप्ता जी : ये नये बच्चे क्या होता है?

वर्मा जी : अरे कल ही तो शाम कुमार का जन्मदिन था। जो कल जन्मा वो तो नया हुआ तो ये नये कल के बच्चे हैं। अभी अकल के कच्चे हैं। पर मन के सच्चे हैं।

शाम कुमार : क्या वर्मा जी सुबह-सुबह फिर तुकबन्दी शुरू कर दी। कोई और काम नहीं है क्या आपको?

वर्मा जी : है न— तुम्हारे नाम आये फ़ोन उठाना ये मेरा नया काम है। कम से कम 20 फ़ोन आ चुके हैं। वो ज़िद करके बैठे हैं कि वो तुमसे ही बात करेंगे किसी की बड़ी रोबीली थी।

शाम कुमार : क्या? (फिर फ़ोन बजता है)

वर्मा जी : हलो ऽ ऽ जी जी बड़े क़िस्मतवाले हो। आपकी तो लाटरी लग गयी है शाम कुमार आ गये है। (फ़ोन से आवाज आती है बकवास बन्द करो फ़ोन शाम कुमार को दो वर्मा सकपका कर फ़ोन शाम कुमार को दे देता है)

शाम कुमार : हैलो ऽऽ

आवाज : मैं इनवस्टीगेशन ट्राइब्यूनल से बोल रहा हूँ मैं एक जाँच अधिकारी हूँ। तुम्हें अपने ऊपर लगाये गये आरोपों के लिये अब आफ़िस आना होगा। तब तक आना होगा जब तक पूछताछ पूरी नहीं हो जाती। इस दौरान तुम सब कुछ कर

सकते हो पर शहर नहीं छोड़ सकते। तुम जब चाहो तब से ये मुक़दमा शुरू हो सकता है। बोलो संडे का दिन कैसा रहेगा ऽऽ .. आ रहे हो न? संडे को अपने आप आ जाना वरना तुम्हें कैसे लाना है हमें अच्छी तरह मालूम है।

मंच पर सन्नाटा....सब कुछ फ्रीज़ हो जाता है।

दृश्य परिवर्तन

अभिव्यक्ति : तो अब अपन लोग चुप तोड़े? बोलना तो पढ़ेगा। वरना बात अधूरी रह जाएगी। 7 दिन बाद नाटक का अगला पड़ाव शुरू होगा—तब तक आप 10 मिनट में चाय पीकर आएये

(अन्तराल)

अन्तराल समाप्त

कोरस : ये है काफ़्का फ्रांत्स काफ़्का
प्रतिबिम्ब है इस समाज का
घात पर प्रतिघात का
विश्वास पे आघात का
ये है काफ़्का फ्रांत्स काफ़्का।

भाव : चाय वाय हो गयी हो तो बैठें कहानी में? उसी मोड़ पर? चलें जहाँ से आप उठकर चाय पीने गये थे शाम कुमार आज़ाब (परेशानी) में थे। सारे वक़्त यही सोचते थे क्यों गिरफ़्तार हुए? क्यूँ किस कारण उन्हें गिरफ़्तार किया गया? कुछ साफ़ नहीं है। सब कुछ धुन्ध की काली चादर में लिपटा हुआ। इस धुन्ध में रौशनी की एक ही लकीर है। कम-से-कम शाम कुमार को तो वो रौशनी ही लगती है। वो है इनवस्टीगेशन कमीशन से आया बुलावा। शाम कुमार को लगता है, वो अपनी बात रखेगा तो मामला शान्त हो जाएगा। जाँच अधिकारी ख़ामोश हो जाएँगे। अब विश्वास का क्या है जनाब वो तो किसी भी बात पर हो सकता है। जैसे अभी आपको ये विश्वास है कि शाम कुमार छूट जाएगा। है न।

दृश्य परिवर्तन

मंच पर भरे बाज़ार का शोर। चिल्लाती हुई आवाजें, औरतें, बच्चे, मर्द सब अपने-अपने तरह से चिल्ला चिल्ला के बात कर रहे हैं। कि मंच पर अभिव्यक्ति आती है।

अभिव्यक्ति : मंच पर चिल्लाती— ओफ्फो कितना शोर है ये भीड़ भरी गालियाँ ये मिडिल क्लास मोहल्ला। ये छिलबिल किलबिल बच्चे— ये चीख़ते चिल्लाते लोग— ये खिड़कियों में आधी लटकी औरतें इस सिरे से उस सिरे तक ऊँची आवाजों में बतियाती हुई ये बदरंग सूखते कपड़ों की झालरें ये ऊँचे से ऊँचा बोलते चलते बदबख़्त उजड़े उखड़े लोग। शाम कुमार सोचने लगा ये कहाँ आ गया वो? क्या मिडिल क्लास के लोगों का भी इनवस्टीगेशन ज़रूरी है। या मज़दूरों, गरीबों को उनको उनकी औकात दिखाना ज़रूरी है। बोलो क्या ज़रूरी है?

अभिव्यक्ति : हँसकर डरिये नहीं, ये मैं नहीं पूछ रही ये सब शाम कुमार अपने आप से पूछ रहे हैं देखिये न आज रविवार है शाम कुमार अपने हाथ में लिखा पता लिये कोई रूम ढूँढ़ रहे हैं।

दृश्य परिवर्तन

शाम कुमार : 9 बजे बुलाया था इस भीड़ में। 10 बज गये हैं। अच्छा नहीं पहुँचा टाइम पर तो? क्या कर लेंगे मेरा। तब क्या कर लिया था जब मेरे कमरे में सुबह-सुबह घुस आए थे? चलो मैं इस आदमी से पता पूछता हूँ।

शाम कुमार : अरे जनाब ये पूछताछ कार्यालय का कमरा नम्बर 220 कहाँ है? ये फुरसत गंज ही है न? अरे मैं पूँछ क्यूँ रहा हूँ? लगता तो फुरसतगंज ही है। सबके सब बड़ी फुरसत में नज़र आ रहे हैं।

आदमी : उस औरत से पूछो वो ही कोर्ट के कमरों में चिपकी रहती है वो बड़ा ऑफ़ीसर उसका यार है न।

दूसरा आदमी : चुप बे गधे मरेगा क्या? तू भी फँसेगा इस मकड़जाल में

मक्खी की तरह मरकर ही पीछा छुड़ा पाएगा। जाओ जी तुम जो भी हो आगे चलो।

शाम कुमार : (कपड़े धोती औरत से) माफ़ करना तुम्हें पूछताछ का दफ़्तर मालूम है? सुना है तुम वहीं रहती हो।

औरत हँसकर : पहली बार आए हो? नया शिकार हो? कोई बात नहीं मुझसे बना कर रखना।

शाम कुमार : झल्लाकर— मैं किसी से बनाकर रखने नहीं आया हूँ मैं अपने केस की सुनवाई के लिये आया हूँ।

औरत : तो बाकी क्या यहाँ आई.पी.एल. खेलने आते हैं। पकड़े जाने पर, हर एक को, जवाब देने के नाटक में शामिल होना ही पड़ता है। तुम कहीं के अफलातून नहीं हो जाओ गो. गो. न— उन सीढ़ियों पे चढ़ते जाओ वेयर हाउस के दरवाज़े से निकलो फिर सीढ़ियाँ चढ़ो-चढ़ते, चढ़ते, चढ़ते, चढ़ते, जब साँस फूल जाए तो समझ लेना कमरा नम्बर तीन आ गया। (आँचल गिराकर छाती हिलाकर बात करती है)। अकेले चले जाओगे कि मैं साथ आऊँ?

शाम कुमार : (ग़ुस्से से) बदन से ही सोचती हो कि दिमाग़-विमाग भी है कुछ।

औरत : (चौंककर) क्या?

दृश्य परिवर्तन

भाव : काफ़्का के लिये कहानी को बढ़ाने में चार चीज़ों की सख़्त ज़रूरत पड़ती थी— सैक्स-समाज-सत्ता और सोच— इन सबकी छाया के नीचे छिपी होती थी उसकी अपनी सोच की नुकीली चोट। ऐसी चोट कि सब तिलमिला जाएँ पर ये तिलमिलाहट कभी उनके सामने नहीं आ पायी अपने टी.बी. ग्रस्त जीवन की छाया तले उसकी क़लम छुपी रही। एक भी उपन्यास उसके जीवन में नहीं छपा। अव्वल कहानियाँ छपती रहीं बाप के नाम से लिखे अपने विद्रोही खतों को तो काफ़्का ने अपनी मौत के बाद जलाये जाने की इच्छा

प्रकट की थी। पर काफ़्का के दोस्त का दिल नहीं माना उसे हमेशा लगता था कि काफ़्का की क़लम में बड़ा ज़ोर है, सोच है उसकी लेखनी का ढाँचा ऐसा अनूठा है जो आने वाली हर पीढ़ी से बात करेगा। उसके सम्पादक दोस्त मैक्स ब्रॉड ने काफ़्का का लेखन आख़िर छपवा ही डाला। ब्राड ने सिद्ध कर दिया कि वो सही था। काफ़्का बन गये सदी के सबसे प्रभावशाली जर्मन लेखक। चलिए छोड़िए। अब जो आप देखने जा रहे हैं, वो गिरफ़्तारी का सबसे बड़ा सीन है। खचाखच भरे कोर्ट में शाम कुमार खड़े हैं। धक्का मुक्की ऊँची आवाजों में बातें जारी हैं। कोर्ट दो हिस्सों में बँटा है। सभी तरफ के लोग ख़ामोश और बड़े बिचारे से दीनहीन लग रहे है। बायीं तरफ के लोग चलर-मलर खुसर-फुसर में लगे हैं। काफ़्का जिस बच्चे को लेकर कोर्ट में आया है वो बार-बार जाँच अधिकारी से कह रहा है कि ये आदमी आ गया है, ये आदमी आ गया है।

अधिकारी अपने साथी से बात करने में मशगूल है।

शाम कुमार : का धीरज छूट जाता है।

दृश्य परिवर्तन

कोर्ट का सीन

शाम कुमार : जनाब मैं आ चुका हूँ ज़रा अपनी गर्दन और आँखों को तकलीफ़ देंगे।

अधिकारी : (सन्न) पीछे से किसी ने एक ताली बजायी।

अधिकारी : (रौब से) पूरे 1 घंटा 5 मिनट लेट आये हो— क्यूँ? मैं चाहूँ तो तुम्हारी सुनवाई टाल सकता हूँ? फिर भी मैं सुनूँगा बोलो अपनी सफ़ाई में क्या कहना है?

शाम कुमार : सफ़ाई नहीं। मैं सच बता कर न्याय की उम्मीद से आया हूँ। न्याय तो करना ही होगा। (बायीं तरफ के लोग हँसते हैं।)

जाँच अधिकारी : (ज़ोर से आर्डर-आर्डर) तुम क्या पेशे से घरों की सज़ावट

का काम करते हो, क्या इंटीरियर डिजाइनर हो?

शाम कुमार : (ग़ुस्से से जी नहीं) मैं इंटीरियर डिजाइनर नहीं हूँ एक बड़ी बैंक का जिम्मेदार अधिकारी हूँ। आपको मेरा नाम तक सही नहीं पता और बैठ गये जाँच करने— इसी तरह जाँच करते हो सबके काम की।

पेशी किसी और की नाम किसी और का? ढूँढ़ किसी को रहे हो पकड़ मुझे रहे हो।

(अबकी बार दायीं तरफ से एक ताली बजती है आदमी उठकर खड़ा होता है)

आदमी कहता है

क्या बात है— शाबाश - शाबाश - शाबाश

शाम कुमार : (उत्तेजित होकर) मैं अब अपने बारे में नहीं इन सब ख़ामोश बैठे लाचार लोगों की तरफ से बोल रहा हूँ।

(तालियाँ)

जाँच अधिकारी : खड़े होकर— चुप चुप हो जाओ बोलने दो बोलने के लिये आया है।

हाँ तो क्या बोल रहे हो— बोलो -

शाम कुमार : जो बोल रहा हूँ वो सुन नहीं सकते तुम। मैं बोल रहा हूँ आपका सिस्टम भ्रष्ट है। आप सब के सब करप्ट हैं। यहाँ आपके सामने खुली आँखों से लेनदेन हो रहा है आप चुप बैठे हैं। लोग सत्ता के नाम पर लोगों के घर पहुँच जाते हैं, निर्दोष लोगों को सताते हैं, आपकी पुलिस करप्ट, जासूस करप्ट, हवलदार भ्रष्ट, थानेदार भ्रष्ट, मजिस्ट्रेट सारा सिस्टम भ्रष्टम भ्रष्ट।

मजिस्ट्रेट : अपना भाषण देना बन्द करो मामला सुनाओ। बोलो क्या कहना है?

शाम कुमार : कोई 10 दिन पहले, मेरे घर सुबह-सुबह पाँच लोग घुस आये। महा बदतमीज़, चोर-चकारे सारे के सारे। पहले दो आदमी कमरे में घुस आए, बोले तुम गिरफ़्तार हो। मैंने कारण पूछा नहीं बताया। कमरे से बाहर नहीं जाने दिया। मेरा नाश्ता ख़ुद खा गये। मुझसे बाहर से नाश्ता लाने के पैसे माँगने लगे।

फिर बोले हमारे बड़े आफ़ीसर के पास चलो। और वो आफ़ीसर हरामी गिरफ़्तारी का कारण नहीं बताता है। फिर मुझसे जूनियर तीन अधिकारियों को बैंक से ही उठा लाया वो भी जासूस बनाकर। वो दोनों हरामी सिपाही मेरे कपड़े उतारने को तैयार उन्हें अपने घर ले जाना चाहते थे मिलाड मैं तो नंगा हो जाता उस दिन—

(बायीं तरफ वाले ज़ोर से हँसते हैं। मजिस्ट्रेट अब की बार शाम कुमार की नज़र बचाकर चुपके से भीड़ को फुसफुसाने का इशारा करता है भीड़ फुसफुसाने लग जाती है। शाम कुमार देख लेता है।)

शाम कुमार : अच्छा तो तुम भी इस भ्रष्ट भीड़ का ही हिस्सा हो। इस मजिस्ट्रेट के कहने पर ताली बजा रहे हो? ताली बजा रहे हो? इसके कहने पर फुसफुसा रहे हो साले बेशरमों सत्ता के हाथ की कठपुतलियों (इतने में वो औरत अन्दर आती है। जो रास्ते में शाम को कपड़े धोती मिली थी। सभी उसकी तरफ लालची निगाहों से देखते हैं। मजिस्ट्रेट के साथ खड़ा आदमी उसे एक कोने में ले जाता है सहसा कोने से सम्भोग के समय निकाली जाने वाली आह-आह की आवाजें आती हैं, लोग कोने में देखने लगते हैं— हर आह के साथ खिल-खिल करके हँसते हैं मजिस्ट्रेट कुर्सी पर बैचेन है और इधर-उधर करवटें लेता है और कहता है बड़ी ज़ालिम चीज़ है।)

शाम कुमार : ज़ोर से चिल्लाता है बन्द करो ये सब नाटक— चुप हो जाओ सड़े हुए लोगों— ये ज़ालिम चीज़ तुम्हारी माँ बहन भी हो सकती है।

(फुसफुसाकर)

मजिस्ट्रेट : माँ बहन होगी तुम्हारी मेरी तो सिर्फ वो है।

शाम कुमार : ये है सिस्टम— क़ानून-भ्रष्ट, समाज भ्रष्ट, सत्ता भ्रष्ट, सोच भ्रष्ट और गन्दी सोच के सड़े हुए बदबूदार लोगों मुझे तुमसे कुछ कहना ही नही, नहीं देनी सफ़ाई, नही चाहिए तुम्हारी मेहरबानी, कर लो जो करना है।

बाहर भागता है पीछे से लोग फुसफुसाते हैं। ये भी गया काम

से अब कोई नहीं बचा सकता इसे।

(मजिस्ट्रेट कुर्सी से उठकर शाम कुमार के सामने खड़ा हो जाता है)

मजिस्ट्रेट : मुझे सिर्फ ये कहना है कि तुम्हें बता दूँ कि कार्यवाही चल रही है।

शाम कुमार : ये कार्यवाही है— ये जो फटी पीली बदबूदार नोटबुक में मेरा रोजनामाचा लिख रहे हो वो क़ानून की धाराएँ हैं मजिस्ट्रेट के हाथ से डायरी छीनता है।

शाम कुमार : ये फटे बदरंग पन्ने मेरी ज़िन्दगी का फ़ैसला नहीं कर सकते मैं जा रहा हूँ।

मजिस्ट्रेट : जाने से पहले सरकारी आदेश सुन लो अगली सुनवाई अगले रविवार है— नहीं आओगे तो सज़ा तय हो जाएगी— तुम्हारे हर काम पर हमारी नज़र हर वक़्त है।

शाम कुमार : (पैर पटकता है) सरासर धांधली है, ये क्या तमाशा है?— कैसे तय करोगे ये सज़ा? जब मैंने कोई गुनाह नहीं किया बदमाश लोगों— मैं आऊँगा सुनवाई में। मैं डरता नहीं।

दृश्य परिवर्तन

भाव : तो जनाब पहली सुनवाई तो हो गयी। अब अगली सुनवाई और इस सुनवाई के बीच शाम कुमार की ज़िन्दगी में दो घटनाएँ हुईं। एक तो घर लौटने पर उसे रूपमती नहीं दिखाई देती थी। जिससे उसे अब लगाव सा हो गया था। वो उससे माफ़ी माँगना चाहता था उस रात के लिए। पर रूपमती जैसे उससे बचती फिर रही थी। फिर एक दिन उसके कमरे में एक और लड़की रहने चली आई वो किसी तरह शाम को रूपमती से मिलने ही नहीं देती थी कि अचानक एक दिन कप्तान लॉन सिंह फिर रूपमती के कमरे के सामने खड़ा हो गया। जब शाम कुमार रूपमती से मिलने उसके साथ रहनेवाली गीता के पास गया तो कप्तान लॉन सिंह वहीं खड़ा था।

दृश्य परिवर्तन

शाम कुमार : गीता जी रूपमती से कहिये मैं मिलना चाहता हूँ।

गीता : फिर वही, मैं मिलना चाहता हूँ, मैं मिलना चाहता हूँ, मैं मिलना चाहता हूँ, अरे वो तो नहीं मिलना चाहती तो क्यूँ पीछे पड़े हो उसके?

शाम कुमार : मैं उसके पीछे पड़ूँ या आगे, आपको मतलब। आप मेरा सन्देश दे क्यूँ नहीं देतीं?

गीता : ये सन्देश है? काग़ज़ की रसीद सी लगती है। क्या है ये?

शाम कुमार : मेरा माफ़ीनामा है। पर आपको क्या है? आप अन्दर जाएँ और बताएँ मैं आया हूँ।

गीता : आप कौन से लाट साहब हैं जो मिलने का हक़ जता रहे हैं।

शाम कुमार : और आप कौन-सी महारानी विक्टोरिया है जो मिलने नहीं दे रहीं।

गीता : मैं उनकी पड़ोसन हूँ।

शाम कुमार : मैं भी उनका पड़ोसी हूँ। आपके और मेरे हक़ बराबर हैं। जाने दीजिए मुझे।

गीता : नहीं? (कप्तान को आवाज देती है) साहब, कप्तान साहब देखिए ये ज़बरदस्ती अन्दर जाने की कोशिश कर रहा है।

शाम कुमार : ये कप्तान साहब कौन है? अच्छा तो मेरी गिरफ़्तारी में तुम सब एक-एक रोल अदा कर रहे हो। बढ़िया जाल बिछाया है। बेईमानों बढ़िया जाल। हर मुँह पे मुखौटा है। हर जिस्म पर एक मास्क। फफूँद लगी है तुम सबको। उम्मीद थी रूपमती मेरी सुनवाई में गवाही देगी। लेकिन नहीं,
बाग़बाँ ने आग दी जब आशियाने को मेरे तो
जिन पे तक़िया था वही पत्ते हवा देने लगे।

भाव : काफ़्का साहब अब शाम कुमार के चारों तरफ के शिकंजे को कसने लगे हैं। और उनके हीरो की कसमसाहट अब बढ़ती ही जा रही है। रूपमती नामक उम्मीद किसी थोथी ईंट की तरह दीवार से गिर पड़ी है। कप्तान साहब नाम की हस्ती, गीता के साथ मिलकर, सत्ता की साज़िश के मोहरे

बन, ख़ुद शाम कुमार के घर में घुस आए हैं। अब क्या करे शाम कुमार? क्या करे आम आदमी? क्या करे काफ़्का? काफ़्का ख़ुद का लॉ फर्म के काम करते थे। क़ानून की बारीकियाँ की नस-नस के वाक़िफ थे। इसीलिये गिरफ़्तारी के हर दाँव पेंच को बख़ूबी जानते थे। इस ट्रायल में जाँच की कारवाई के ज़रिये उन्होंने इस व्यवस्था की तो साहब धज्जियाँ उड़ा दीं लेकिन क़ानून को भी ख़ूब आड़े हाथों लिया। 7 दिन फिर गुज़र गये थे। अगली सुनवाई का दिन रविवार आने वाला था पर जाँच कार्यालय से कोई नोटिस नहीं आया।

दृश्य परिवर्तन

(मंच पर दूसरे कोने से अभिव्यक्ति आती है)

अभिव्यक्ति : नहीं नोटिस आया तो शाम कुमार बड़े आत्मविश्वास में भर गये कि मामला शान्त हुआ लगता है। शाम कुमार ने सोचा कोर्ट में दो चार सुना तो आए हैं साले सब के सब डर गये होंगे। गांडू टिड्ंडे। चौंके क्यूँ आप लोग? मैंने गाली दी इसीलिये? पर आप लोग तो हर लाइन में माँ बहन की करते हैं। वो सारा अधिकार सिर्फ पुरुषों को ही है? किसने दिया है अधिकार आपको? कि हमें प्रताड़ित करें हमें गालियाँ दें। हमारे नाम से गालियाँ दें हमारे रिश्ते से गालियाँ दें। आज तक भाई बाप की गाली मैंने नहीं सुनी। ख़ैर शाम कुमार भी इसी समाज से लड़ रहा था कि समाज में सब चूतिया क्यूँ हैं? ये सब इकतरफा क्यूँ हैं? तो जब नोटिस नहीं आया तो रविवार की सुबह अचानक शाम कुमार ने कोर्ट जाने का फ़ैसला कर लिया। शाम कुमार ने जाकर देखा कोर्ट बिलकुल सुनसान है वो औरत जो पिछली सुनवाई में लोगों की हवस का शिकार बनी नज़र आ रही थी आज वो कोर्ट का फर्नीचर साफ़ कर रही थी— शाम कुमार ने पूछा।

दृश्य परिवर्तन

शाम कुमार : ये सब क्या है? वो भ्रष्ट लोग कहाँ हैं? तुम यहाँ क्या कर रही हो?

औरत : (इठलाकर) मैं तो रहती ही यहाँ हूँ। मेरा आदमी कोर्ट का चपरासी है। रात में हमें यहीं रहने की जगह मिली है।

शाम कुमार : तुम शादीशुदा हो? और उस दिन उस लड़के के साथ तुम... छि छि... तुम कितनी गिरी हुई हो।

औरत : कोई गिरा हुआ पैदा नहीं होता, उसे गिराया जाता है। सत्ता वालों के हाथ बहुत मज़बूत होते हैं। हम जैसे कमज़ोरों के लिए एक ही धक्का काफ़ी है। (फिर व्यंग्य से) तुम्हारे हाथ तो बहुत मज़बूत हैं एक धक्का तुम भी दे के देखो न!

शाम कुमार : चुप रहो बकवास बन्द— बाकी लोग कहाँ हैं? कार्यवाही क्यूँ नहीं हो रही? मैं तो पूरे टाइम से आया हूँ।

औरत : हँस कर ओ भोले भंडारी तुम्हें पता नहीं आज सुनवाई नहीं है? तुम आज के दिन रिहा हो मज़े करो। चलो मेरे ही साथ मज़े कर लो।

शाम कुमार : (कुछ सोचता हुआ) हाँ नोटिस तो नहीं आया— तुम अपने मज़े उस छोकरे के साथ करो।

औरत : वो मेरी मजबूरी है। वो लॉ का छात्र है यहाँ ट्रेनिंग पर मजिस्ट्रेट का ख़ास आदमी है। उसकी बहुत चलती है। सब उससे डरते हैं। मैं भी कुछ कहूँगी तो मेरी नौकरी ही चली जाएगी।

मजिस्ट्रेट : वो खूसट ख़ासतौर पर मुझ पर मरता है। वो मुझे छोड़ता ही नहीं, रात में भी कमरे में घुसकर हम दोनों को सोते हुए देखता है। कहता है तुम सोते में बेहद ख़ूबसूरत लगती हो फिर चाहे किसी के साथ सोओ। ये मेरी मजबूरी है।

शाम कुमार : हरामज़ादा खूसट— लम्पट व्यभिचारी

औरत : तुम क्यूँ अपनी जुबान गन्दी करते हो। मैं चाहूँ तो तुम्हारी मदद कर सकती हूँ। मजिस्ट्रेट मेरी बात न टालेगा। आओ न बैठो मेरे पास, तुम्हारी ये आँखें बेहद ख़ूबसूरत हैं काली और सफ़ेद, जी करता है इन्हें चूम लूँ ऐसे। (औरत शाम

कुमार की आँखें चूम लेती है)

शाम कुमार : तो तुम भी भ्रष्ट ही निकलीं मेरी मदद करोगी तभी अगर मैं तुम्हारे साथ सोऊँ। हर एक को यहाँ लेनदेन से ही रिश्ता बनाना है। मैं बिक जाऊँ तो तुम मुझे ख़रीद लोगे मैं खरीदूँ तो तुम बिकने को तैयार हो। लेनदेन की इस खेल में, तुम भी गिरफ़्तार हो और मैं भी। बहुत अच्छे— बहुत अच्छे

औरत : शी... बात कम काम ज़्यादा— (उससे लिपटती ही है कि पूरी आवाज से लॉ का छात्र चिल्लाता है— रूको—तुम्हें मेरे साथ चलना है मजिस्ट्रेट ने बुलाया है अपने कमरे में, चलो नहीं तो गोद में उठाकर ले जाऊँगा ऐसे। (गोद में उठा लेता है)

शाम कुमार : अरे उल्लू के पट्ठे ये क्या ज़बरदस्ती है। उतारो उसको नीचे उतारो।

लॉ का छात्र : क्यूँ चिल्ला रहा है बे तेरी जोरू थोड़ी उठा के ले जा रहा हूँ।

शाम कुमार : तमीज़ से बात कर चमगादड़ एक मुक्का मारूँगा तो नाक टूट जाएगी। उसकी तरफ बढ़ता है।

(पीछे से आवाज आती है) रुक जाओ बाबू, रुक जाओ। शाम कुमार देखता है एक आदमी थोड़ा बूढ़ा सा, खड़ा तमाशा देख रहा है। इस बीच लॉ का छात्र औरत गोद में उठाकर ले जाता है औरत अब गोद से उतरने की कोशिश नहीं करती वो दोनों चले जाते हैं—

आदमी : मारा क्यूँ नहीं? मारते साले की चटनी बना देते— साला मजिस्ट्रेट का दलाल है दल्ला। (फिर रूआँसा होकर) ये जिसे ले गया है वो मेरी पत्नी है मैं रोज़ ये तमाशा बरदास्त करता हूँ। कुछ नहीं कर सकता।

शाम कुमार : क्यूँ नहीं कर सकते। पुलिस में शिकायत करो, क़ानून की मदद लो।

आदमी : किस क़ानून की? ये तो ख़ुद क़ानून के रखवाले हैं किस पुलिस की जो इनकी अमरबेल है, इस ज़हर की जड़े गहरी हैं बहुत गहरी। मैं तो बूढ़ा हूँ मार नहीं सकता, पर तुम मार

सकते हो? मारो इसे पकड़ कर मारो।

शाम कुमार : मैं क्यूँ मारूँ?

आदमी : अब तुम्हारे पास खोने को कुछ है ही नहीं। तुम उनके शिकंजे में फँस चुके हो। गिरफ़्तार हो, थे और रहोगे। ये तुम्हारा और क्या बिगाड़ लेंगे? सब कुछ ख़त्म होने से पहले मेरा भला कर जाओ। मेरी औरत इन कसाइयों के फन्दे से छुड़ा जाओ।

शाम कुमार : तुम्हें कैसे पता कि मेरा सब कुछ ख़त्म हो गया?

आदमी : कोर्ट का हरकारा हूँ। इनकी बातें सुनता रहता हूँ। पहली सुनवाई के बाद ही इन्होंने तय कर लिया था कि कारवाई का दिखावा चलेगा। सज़ा तो तय है। वो कहते थे बड़ा सदाचारी बनता है, दुनिया को ईमान सिखाता घूमता है, कैंची सी ज़ुबान चलती है, अब ये ज़ुबान ही काटनी पड़ेगी। ये लोग सब आपस में मिले हैं। इनका अनदेखा जाल फैला हुआ है हर दीवार इनकी आँख है, हर खम्भा इनके कान इसी में फँसी है बेचारे आम आदमी की जान। चलो निकलो बाहर। नहीं तो और फँसोगे। अब तक उस दल्ले ने मजिस्ट्रेट को बता दिया होगा, कि तुम मेरी औरत का उसके पास जाना रोक रहे थे— भागों यहाँ से।

दृश्य परिवर्तन

भाव : शाम कुमार अपनी परिस्थितिजन्य विवशता समझता चला जा रहा था। सहसा उसे लगने लगा वो डरता नहीं है। अब उसे किसी भी बात का डर नहीं है। जो होना है सो हो। सो उसने आराम से सोमवार से फिर बैंक जाने का निर्णय लिया। सोमवार को दिन भर बैंक में काम करने के बाद काफ़ी हाउस जाने को निकला तो देखता कि बैंक के पीछे गली से रोने--चिल्लाने की आवाजें आ रही हैं। अँधेरा बढ़ रहा था शाम कुमार ने टार्च जलायी और गली में घुस गया। देखता है कि दो बड़े रोबवाले हवलदारनुमा आदमी, उन्हीं लोगों को पीट

रहे हैं जो उसके घर गिरफ़्तारी के लिये आए थे यानी शारदूल सिंह व ज़ालिम सिंह।

दृश्य परिवर्तन

शाम कुमार : ये क्या गुंडागर्दी है? क्यों पीट रहे हो इन दोनों को?

मोटा आदमी : हम हवलदार हैं आपने कोर्ट में इनके रिश्वत खाने की शिकायत की थी न?

छोटा : नाश्ता खाने की शिकायत भी की थी न?

मोटा आदमी : कपड़े उतरवाने की शिकायत भी की थी न?

छोटा आदमी : नाश्ता करने जाने देने के लिये पैसे माँगने की शिकायत की थी न? इतनी शिकायतों के बाद अब क्या इनके माथे पर दूल्हे का सेहरा बँधेगा। ले साले यह ले जूते खा।

शारदूल : छोड़ दो मुझे और कितना मारोगे?

ज़ालिम सिंह : क्यूँ की हमारी शिकायत की साहब, हम सत्ता की सीढ़ी के आख़िरी छोर हैं— छोर भी नहीं पायदान है हम पर लोग रगड़ रगड़ कर पैर साफ़ करते हैं हमने आप से ऐसी कितनी रिश्वत माँग ली— जो आपने शिकायत कर दी।

हवलदार : एक चाबुक और मारता है।

शारदूल : हाय मर गया मत मारो— बचा लो हमें।

ज़ालिम सिंह : हमें क्या तनख़्वाह मिलती है साहब आपको मालूम है? उससे तो मेरे बच्चे भूखे ही सो जाएँ मेरी बीबी नंगी रह जाएँ। आपने हमारे हाथ में अभी बन्दूक़ देखी? हमारी वर्दी देखी? हमारी गाड़ी देखी? ऐसे फटीचर गाड़ियों में घिसी व दिनों जंग लगी बन्दूक़ों से हमसे कहते हो बचाओ, सरकार बचाओ, नेता बचाओ, अभिनेता बचाओ, अत्याचार रोको, व्यभिचार ख़त्म करो, बलात्कार रोको। सब अब हमें ही करना, वो ऊपर बैठे लोग मज़े करते हैं, ख़ूब खाते-पीते हैं उनके पेटों में तो घोटाले के घोटाले समाये हैं और आपने हम गरीबों तक के नाश्ते खाने तक की शिकायत कर दी हम जो भी ऊपर की कमाई खाते हैं उसका दो-तिहाई थाने जाता है,

उसका आधा और ऊपर जाता है, ये कोरे नीचे क्यूँ बरसा रहे हो? हिम्मत है तो ऊपर बरसाओ।

मोटा हवलदार : चुप बे कुत्ते। जुबान चलाता है? अफ़रान के ख़िलाफ़ बोलता हो? तो ये ले। और ले। (और पीटता है)

शारदूल सिंह : चिल्लाता है मार-मार और तेरे मारने से नहीं मरूँगा ओह बप्पा रे— मार दिया बचाओ शाम साहब बचाओ।

शाम कुमार : छोड़ दो इन्हें। कोई क़ानून है या नहीं? तुम कैसे मार सकते हो इन्हें? अच्छा चलो मैं शिकायत वापस लेता हूँ।

मोटा हवलदार : अब तो तुम अपनी शिकायत भी वापस नहीं ले सकते। शिकायत कोर्ट में की थी? वापस कोर्ट जाओ। हम तो ऊपर से आर्डर का पालन कर रहे हैं। हमें मार-मार कर इनकी चमड़ी उधेड़ने का आदेश है आप हटो रास्ते से।

ज़ालिम दोनों चिल्लाते हैं मर गये रे... हम गरीबों की आह आपको खा जाएगी।

शाम बाबू : ऽऽ...

दृश्य परिवर्तन

अभिव्यक्ति : इस घटना ने शाम कुमार पर गहरा असर डाला। अब वो ख़ुद को मानसिक रूप से कमज़ोर और दोषी मानने लगा। सारे वक़्त उसके कानों में शारदूल का शाप गूँजता।

अभिव्यक्ति : अगले दिन बैंक गये शाम कुमार। शाम कुमार को लगा ज़ालिम सिंह व शारदूल सिंह उसका पीछा कर रही हैं (आवाजें— हय मर गये क्यूँ करी आपने हमारी शिकायत, क्या मिला हम गरीबों को फँसा के क्या खा गये हम, बड़े रिश्वतख़ोरों को क्यो नहीं जूते मारते, शाम कुमार तुमने अच्छा नहीं किया) शाम कुमार को लगा उसका सिर फट जाएगा। बैंक में काम करते-करते अचानक उन्होंने अपना सिर पकड़ा और ज़ोर से चिल्लाये— कोई पीछे वाली सँकरी गली को हमेशा के लिये बन्द क्यूँ नहीं कर देता देखो कितना शोर

है। लोग रो रहे हैं चिल्ला रहे हैं ऐसे में काम कैसे हो सकता है बन्द करो, बन्द करो ये।

(बैंक में सन्नाटा छा गया)

बड़े बाबू : कौन-सी गली? वहाँ से तो मैं अभी आया हूँ? कौन रो रहा है? कहाँ है शोर? तबीयत तो ठीक है न? लगता है जाँच की कारवाई का असर तुम पर पड़ रहा है।

(सनाका खा गये मुश्किल से गला साफ़ किया)

कौन-सी कारवाई आपको कैसे मालूम कि मेरे ख़िलाफ़ कोई कारवाई है वर्मा साहब।

बड़े बाबू : रूमाल के नीचे हाथी नहीं छिपाया जा सकता। पूरे शहर को मालूम हो गया है कि आप नज़रबन्दी के घेरे में है देखो न सभी फुसफुसा रहे हैं।

शाम कुमार : तो ये मानते हैं कि मैं बिना गुनाह के गुनाहगार ठहराया गया हूँ।

बड़े बाबू : सब जानते हैं कि तुम एक सच्चे और अच्छे आदमी हो। तुम किसी का बुरा होता देख ही नहीं सकते। बस यही भारी पड़ गया। सच कहना यहाँ गुनाह है। तुमसे किसने हर बात में अपनी राय देने को कहा। तुमसे किसने कहा कि कॉफ़ी हाउस को राजनीति का अड्डा बनाओ? सत्ता विरोधी, बेईमानी विरोधी, शारीरिक सम्बन्धों में ज़बरदस्ती की बातें माफिया की बातें, इनसे मिली पुलिस की बातें, अश्लील साहित्य की विरोधी बातें, ये सब बातें कॉफ़ी के प्याले के बाद हवा में फैल जाती हैं। होता जाता कुछ नहीं पर कहने वाले की शामत आ जाती है। सबको लगता है बस इसको ख़त्म कर दो तो खाप की इज़्ज़त बच जाएगी। तुम्हारे ताऊ कल से परेशान हैं पानीपत से फ़ोन कर रहे थे मुझे भी बताओ बात क्या है मैंने कहा ख़ुद आकर पूछ लो।

शाम कुमार : क्या कहा, तुमने हरी सिंह ताऊ को दफ़्तर में आने को कह दिया? ये क्या किया? वो तो तूफ़ान खड़ा कर देंगे। दफ़्तर में। ज़मींदार आदमी हैं। लठैत पाले हैं। उन्होंने देखना वो दो

चार लठैत साथ ही लाएँगे। तमाशा खड़ा हो जाएगा बड़े बाबू ये क्या किया।

दृश्य परिवर्तन

भाव : और लीजिए जनाब 4 लठैतों के साथ हरी सिंह ताऊ जी अपने स्वर्गीय भाई पुत्र शाम कुमार को बचाने दफ़्तर आ पहुँचे उनके पास हर समस्या का एक ही समाधान था। साले का सिर फाड़ दो।

दृश्य परिवर्तन

हरी सिंह ताऊ चार लठैतों के साथ आते हैं
(ज़ोर ज़ोर से)

हरी सिंह : शाम—ओ शाम ये क्या सुण रिया हूँ, किसने फँसाया तुझे नाम बता साले का, सिर पै अभी लट्ठ बजवाता हूँ।

शाम कुमार : चुप रहता है।

हरी सिंह : अरे डर मत मैं आ गया हूँ। तू तो नाम बता और लाश ले ले।

शाम कुमार : (खीजकर) लाश मैं क्यूँ ले लूँ? वो भी आप रख लेना। निपटाते रहना जैसा चाहो वैसे। मैं पहले ही जाँच के दायरे में हूँ मुझे और तमाशा मत बनाओ।

हरी सिंह : अरे वही तो पूछ रहा हूँ किस साले ने किस चीज़ की जाँच कराई है? क्या जुर्म किया तूने?

शाम कुमार : मैंने कोई जुर्म नहीं किया। मुझे तो ये भी नहीं मालूम कि जाँच क्यूँ है? कैसे है? किसने कराई?

हरी सिंह : फिर क्यूँ घबराता है। मेरी जान-पहचान सारी जगह है। मैं सबसे बड़े वकील को जानता हूँ। उसको दूँगा— थारा केस इन जाँच-वाँच वालों की टैं बोल जाएगी। चल उठ चल। देख तेरी वजह से मेरी बिरादरी में बड़ी भद्द उड़ेगी मुझे अभी अपनी छोटी बेटी ब्याहनी है। तू उसका बड़ा भाई है।

तुझे जेल हो गयी तो बहन भी कुँवारी मरेगी। चल बेटा खाप में मेरी इज़्ज़त का सवाल है। चल उठ।

दृश्य परिवर्तन

भाव : ताऊ ने शाम को पाला था बाप जब थे, तब भी नहीं के बराबर थे। और अब तो हैं ही नहीं। बाप बेटे के सम्बन्ध कभी अच्छे नहीं रहे, पर शाम अपने बाबू जी से बहुत डरता था। उनके सामने मुँह नहीं खोलता था। हर वक़्त उसको बाप की दहशत रहती थी उनका रिश्ता कभी सहज नहीं रहा। यहाँ एक छोटी-सी बात बता दूँ आपको, काफ़्का ख़ुद अपने बाप से बेहद डरते थे। उन्हें अपने सख़्त मिज़ाज़ी बाप के रूखे सूखे व्यवहार से बेहद तकलीफ़ थी अन्दर-ही-अन्दर उनके मन में बाप के प्रति ऐसी गाँठ बनी जो कभी नहीं खुली। काफ़्का के मरते दम तक नहीं खुली। वो चुपचाप अपने मन का दु:ख बाप के नाम लिखी चिट्ठियों में उतारते चले गये और फिर उन्हें कभी पोस्ट नहीं किया। बाप को कभी मालूम नहीं हुआ बेटा उनके बारे में क्या सोचता है। क्यूँ जनाब कहानी अब आपको अपनी-सी नज़र आ रही है? क्या आप गर्व से कह सकते हैं कि आप को सही-सही मालूम है? आपका बेटा आपके बारे में क्या सोचता है? नहीं ना? ज़रा-सी चूक से बाप-बेटे की यह दूरी युगों-युगों से चली आ रही है। काफ़्का ने इन पत्रों को छपवाने से मना कर दिया था। लेकिन उसके मरने के बाद उसके मना करने के बावजूद जब उसके दोस्त ने ये पत्र छपवा दिए, यूरोप के साहित्य संसार में जैसे बिजली कौंध गयी। हर देश, हर भाषा का नौजवान अपने आपको उन पत्रों से जोड़ने लगे। वो पत्र आज भी ऐसे लगते हैं जैसे नौजवान अपना मन खोल रहे हैं। किताब थी 'Letters to father'। अब लौटे शाम कुमार। पर ताऊ जी के तर्क के सामने शाम कुमार की कुछ न चली वो चल पड़े एडवोकेट के घर। वहाँ जाकर तो शाम कुमार

ने अपने ताबूत में आख़िरी कील ही ठोंक दी।

ताऊ : (ज़ोर-ज़ोर से आवाज देते हुए) वकील साहब, वकील साहब घर में हो के?

(एक लड़की दरवाज़े से ही)— कौन हैं आप? वकील साहब बीमार हैं।

ताऊ : जा के बोल मैं हरी सिंह आया हूँ घणी दूर से।

लड़की : तो मैं क्या करूँ। वकील बीमार है तो बीमार है। अब चाहे दूर से आओ या पास से वकील नहीं मिल सकते।

ताऊ : ओए छोरी परे हट। बित्ता भर की लड़की और गज़ भर की जुबान। तू उसकी औलाद तो है नहीं, वो तो बे औलाद हुआ है बीबी उसकी मर गयी फिर तू कहाँ से आई।

शाम कुमार : ताऊ रहने दो अगर वकील बीमार है तो इस लड़की के पीछे क्यूँ पड़े हो? लड़की तुम कौन हो?

लड़की : मैं उनकी डे-नाइट नर्स हूँ।

शाम कुमार : इतनी छोटी उम्र में?

ताऊ : (हँस के) वकील को छोटी उम्र की ही पसन्द है। मैं इस झूठे के सारे चोंचले जानता हूँ। ओए तू हट रास्ते से मुझे भीतर जाणा है। (हरी सिंह भीतर जाता है)

दृश्य परिवर्तन

वकील के कमरे में

हरी सिंह : वकील ओए वकील।

बूढ़ा वकील : आओ— आओ हरी सिंह...

क्या करूँ आज कल बिस्तर से लगा हूँ। ब्लड प्रेशर बढ़ जाता है। साँस फूलने लगती है। 4-5 दिन में एक बार केस पर जाता हूँ। (खाँसता है)।

(छोटी लड़की लेटे हुए वकील पर झुकती है उठा कर बिठाती है छाती से लगा कर पानी पिलाती है।)

वकील : अब अच्छा लग रहा है।

हरी सिंह : वो तो लगेगा ही नर्स बड़ी शानदार रखी है। दरवाज़े से ही

मेहमान भगाती है। यही सिखा रखा है क्या? ताकि दोनों अकेले ही रहो, मज़े करो।

बूढ़ा : तुम्हारी मज़ाक की आदत नहीं गयी ये कुम्मी है इसको मैंने ऐजेन्सी से लाया है। बड़ी अच्छी सेवा करती है और मेरे साथ ख़ुश रहती है। है न कुम्मी फिर दे दो चुम्मी?—(लड़की को चूमता है)

हरी सिंह : ओए बस कर बस कर, ब्लड प्रेशर बढ़ जाएगा। मैं काम से आया हूँ तेरी रासलीला देखने नहीं? इससे मिल ये मेरा भतीजा शाम है।

बूढ़ा वकील : मालूम है तुम इसके केस के सिलसिले में आए हो।

शाम कुमार : आपको कैसे पता कि मेरे पे केस दायर है?

वकील : हम कोर्ट वाले हैं। हमारा आपस में उठना-बैठना है। तुम्हारे केस की हर ख़बर है मेरे पास। लोग मिलने आते हैं ख़बरें लाते हैं। इस समय भी एक मेहमान बैठा है वो देखो वो ये तुम्हारी जाँच का अधिकारी है।

शाम कुमार : (चौंककर) क्या? ये यहाँ भी पहुँच गया।

दृश्य परिवर्तन

अभिव्यक्ति : शाम हैरान परेशान ये कोर्ट, कैसा कोर्ट है। ये जाँच के नाम पर क्या काम कर रहे हैं? ये कैसे लोग हैं? ये लोग कॉकरोच की तरह हर ओर घुसे हैं। मैं जहाँ जिस ओर जाता हूँ वो कॉकरोचों की तरह हर कोने से निकल पड़ते हैं। सारे शरीर पे चढ़ते चले आ रहे ये कॉकरोच, ये क्या हो गया इस मुल्क को? मुल्क के क़ानून को? शाम का सोचना जारी था उस दिन वकील के घर में जो हुआ उसने शाम को झिंझोड़ दिया। वकील कहता रहा वो सब कुछ कर सकता है। इसे जानता है। पर शाम के पगे कुछ नहीं पड़ा। वह दहल गया था वह उठकर वकील के कमरे के बाहर चला गया। बाहर कम-से-कम खुली हवा थी नौजवान लड़की थी।

दृश्य परिवर्तन

(वकील के घर के बाहर लड़की कुम्मी खड़ी है जैसे शाम कुमार का इन्तज़ार कर रही हो)

लड़की : बड़े अच्छे दिखाई देते हो तुम। सुन्दर हो, वेरी हैन्डसम। तुम्हारी वाईफ है? नहीं है। तो गर्ल फ्रैन्ड है? वो भी नहीं। खाली हो तुम? (हँसती है) फिर मुझे गर्ल फ्रैन्ड बना लो। मैं बड़े जज को जानती हूँ। एक बात बताऊँ? तुम न अपना क़सूर मान लो। तो मैं जज से कहक़र तुम्हें आधी रिहाई दिला सकती हूँ। पर एक शर्त है। तुम रोज़ मुझसे मिलने आना। आओगे न ये लो घर की चाभी।

शाम कुमार : तुम्हारी उमर क्या है?

लड़की : पिछले महीने 16 की हुई। जज ने बड़ी गिफ्ट दी थी। वकील ने भी गिफ्ट दी। दोनों में होड़ लगी थी कौन बड़ी गिफ्ट देगा मेरा दिल जीतने के लिए। (हँसती है) ये बुड्ढे साले लिसलिस मेंढक, एकदम हरामी।

शाम कुमार : तुमने 16 साल में 76 साल के वकील और 77 साल के जज का काईंयापन भी सीख लिया? कमाल है इस मुल्क के क़ानून में तो पिछले महीने तुम बालिग भी नहीं हुई थी। दोनों सुअरों को अच्छी तरह से पता था फिर भी वो क़ानून के बिस्तर पर नाबालिब के साथ सो रहे थे ग़ैर क़ानूनी मज़ा ले रहे थे। छी गन्दी नाली के कीड़े।

लड़की : अपना अब भला चाहते हो तो चुप रहो। मैं जैसा कहूँ वो करो ये लो चाभी।

शाम कुमार : (ग़ुस्से से चाभी फेंककर) मुझे नहीं चाहिए तुम्हारी मदद। मैं औरतों की मदद से ज़िन्दा नहीं रहना चाहता, सब कुछ देख रहा हूँ सुन रहा हूँ। जहाँ देखो वहाँ सेक्स, जहाँ देखो वहाँ औरत, जहाँ देखो वहाँ रुपया। रुपया या सेक्स, रुपया या औरत या ये तीनों के तीनों सेक्स, रुपया, औरत। बस बन गया सत्ता को हथियाने का मसाला या सत्ता को चलाने का हथियार या सेक्स, औरत, रुपया तीनों का हथियार सत्ता है, क़ानून है, शासन है।

लड़की : अरे बकवास बन्द करो, क्या भाषण दे रहे हो। तुम तो समझ ही नहीं रहे हो न? (शाम को पकड़ लेती है। उसके कान में फुसफुसाती है, कि अचानक पीछे से ताऊ की आवाज आती है शाम ओ शाम कहाँ चले गये)

ताऊ : (नजदीक आकर) कुछ शर्म बची है कि नहीं? बूढ़े की छोरी के साथ चिपक गया। बुड्ढा मरा जा रहा है। उसने तेरा साथ काम तय कर दिया था और तुझे दो घंटे हो गये अन्दर आया ही नहीं मरा जा रहा है इस छोरी के पास। मैं ढूँढ़-ढूँढ़कर परेशान हो गया। अब क्या इरादा है?

शाम कुमार : मुझे केस नहीं लड़ना। मैं ख़ुद कटघरे में खड़ा होऊँगा, नहीं चाहिए मदद। नहीं चाहिए। मैं ख़ुद केस लड़ूगा। सबके सब भ्रष्ट हैं। इन तरीक़ों से नहीं लड़ना। नहीं लड़ना मुझे ये केस। होने दो गिरफ़्तार।

ताऊ : (ग़ुस्से से) तो फिर कूद कुएँ में। फिर मत कहना ताऊ ने मदद नहीं की। खाप पंचायत को हम देंगे जो जवाब दे लेंगे। छोरी का ब्याह नहीं होगा न होने दो। लोग थूकेंगे हम पर। सारा गाँव कहेगा तेरे भतीजे का सज़ा हो गयी तेरे भतीजे को सज़ा हो गयी तो कहने दे। (बहन ...गाली देता है) बहन चौद, मैं ही पागल था जो पानीपत से आकर अपनी वो मरवायी।

शाम कुमार : (ग़ुस्से से) मैंने नहीं बुलाया। आप अपने आप आए हैं न तो बापू के भाई न। उन्होंने कभी पूछा शाम तू क्या चाहता है? तेरी मर्ज़ी क्या है? बस सारी उमर ये मत कर वो मत कर ये कर ये छोड़ दे बस यही आर्डर चलाते रहे। कभी जाना ही नहीं, बाप क्या चीज़ होती है। हैड मास्टर का चेहरा लगाकर बाप बनने से क्या होता है? आप भी वही कर रहे हो।

ताऊ : बाप को क्यों रो रहा है गया वो तो स्वर्ग में अब तू अपना नर्क भुगत वो वकील कह रहा था तेरी सज़ा तय है। (ताऊ चला जाता है)

दृश्य परिवर्तन

भाव : अब ये नाटक सच में एक महत्त्वपूर्ण नाटकीय मोड़ पर खड़ा होने जा रहा है। शाम कुमार के इस निर्णय से कि वो ख़ुद ही अपना मुक़दमा लड़ेगा, शाम कुमार एक अजीब मनोदशा में फँस गया था। अरे वही मनोदशा तू है या नहीं भगवान वाली? क़ानून है भी या नहीं है? है तो किसके लिये बना है? अगर इस क़ानून में सच को ज़िन्दा रखने की ज़रा सी भी ताकत है तो फिर ये क़ानून के नाम पर क़ानूनी कुर्सियों पर बैठे लोग किसके हाथों खेल रहे हैं कि हम मुसीबत झेल रहे हैं।

अभिव्यक्ति : अब घर में बैंक में कहीं भी, शाम कुमार सिर्फ सोचता और सोचता इतना सोचता कि सोचता ही रह जाता।

दृश्य परिवर्तन

(मंच पर अकेला खड़ा शाम कुमार और उसका आत्मालाप)

शाम कुमार : लड़ूँगा अपना केस। कम-से-कम में अपराध के भाव से बच जाऊँगा? लिखूँगा अपना केस। लड़ूँगा अपने आप। मुझे मुझसे ज़्यादा वो वकील कैसे जान सकता है? जो कोर्ट में आई यानी मैं बनकर खड़ा हो जाता है जज के सामने। और आरोपी की जगह वकील बोलता है। देखा नहीं था वो साला बुड्ढ़ा वकील कैसे किस तरह मुझे समझा रहा कि मेरा केस क्या? अरे वो क्या जानेगा क्या समझेगा कि जूता कहाँ काट रहा है, जिसने मेरे जूते में कभी पैर डाला ही नहीं। फिर वो साला बुड्ढा वकील ताऊजी कहता है शाम कहीं तुम मत करना कोशिश सैल्फ डिफेन्स की। तुम तो कोई चीज़ नहीं हो। पहली पीटिशन तो जज सुनता ही नहीं वो डिब्बे में जाती है। जहाँ से कभी निकलती नहीं। वो जज कुछ बुदबुदायेगा तुम्हें लगेगा वो तुम्हारे केस के पाईंट दे रहा है। कोई क्लर्क फुल नाटक करेगा कि उसने सब लिखा है। क्या लिखा है इसकी कापी आरोपी को, उसके वकील को कभी नहीं

दिखाई जाएगी। सरकारी वकील मुस्कराएगा, फ़ाइल बन्द करेगा, जज की तरफ रहस्य भरी निगाहों से देखेगा, और जज वो दे देगा अगली तारीख़। मेरी ज़िन्दगी कोर्ट का कैलेंडर हो जायेगी। और कोर्ट में हवा के ज़ोर पर जब इस कैलेंडर के पन्ने फड़फड़ाएँगे तो जिन्दगी के कुछ और महीने हवा हो जाएँगे। पर फिर क्या करूँ? नहीं करूँ कुछ और पहले ही हार जाऊँ, अपने आप को अपने ज़मीर को मार दूं। क्या करूँ? बुड्ढा वकील कहता है इस मुल्क में कोई क़ानून नियम से नहीं चलता, चलता है तो सिर्फ एक सच, और वो ये सच ही कौन किसको, कितने बड़े को जानता है और वो बड़ा और कितने बड़े को जानता है। वो बड़ा कितना पैसा लेता है और बदले में कितना क्या देता है? पूरा समाज लाचार है। क़ानून एक बड़ा इंसानी हार है। उसी की जीत है जो दाम दे उसकी हार है जो सिर्फ काम दे।

दृश्य परिवर्तन

भाव : ये फ्रांत्स काफ़्का का अजब आब्ज़र्वेशन था। उसकी आँखों देखा सच। जो इस किताब ट्रायल के आखर आखर से फूट पड़ा है। सौन्दर्य विलास, शब्द शिल्प-दार्शनिकता, नाटकीयता, रहस्य सब कुछ तो लिख डाला सिर्फ एक ही विषय में जैसे कोई ज़िद हो। क़ानून के नाम पर क़ानून, क़ानून के नाम पर नियमों का जोड़ना तोड़ना, क़ानून को आधार बनाकर ब्यूरोक्रेटिक सत्ता के शासन के मोटे-मोटे खम्भे खड़ा करना। शाम देख रहा है कि ऐसी कोई जगह नहीं जहाँ वो सांस ले सके। आख़िर उसने भी एक जानकार दोस्त की— जो देश के जाने-माने चित्रकार थे— मदद लेने की ठानी, पिछले कई सालों से कोर्ट में सरकारी ख़ज़ाने से पैसे निकलवाकर बड़े-बड़े जज साहब कुर्सी पर बैठी अपनी-अपनी तस्वीरें इसी पेन्टर से बनवाते थे यानी पोर्ट्रेट जिन्हें कोर्ट में ख़ास कमरों में बड़ी शान से टाँगा जाता था। जैसे अपनी संसद के सेन्ट्रल

हॉल में टँगती हैं न तस्वीरें? वैसे ही। तो शाम चला अपने दोस्त सिराज हुसैन के पास।

दृश्य परिवर्तन

(सिराज का स्टूडियो)

सिराज : आज तुम्हें कौन सी कशिश मेरे पास खींच लाई। हँसकर अपनी तस्वीर बनवाओगे।

शाम कुमार : (चिढ़कर) मेरी तस्वीर गली-चौराहों पर लटक चुकी है, अब तुम और तस्वीर मत बनाओ। कशिश नहीं ज़रूरत खींच लाई है।

सिराज : सो तो समझ ही रहा हूँ केस के मारे आये हो सोचते होगे।

सिराज : बड़े-बड़ों से जान-पहचान है कुछ करवा सकूँगा यही सोच कर आये हो। ग़लत ग़लत जगह पर आए हो। क्या देख रहे हो? इस तस्वीर को? ये वो जज है जो तुम्हारे केस पर बैठा है।

शाम कुमार : तुम उसे जानते हो।

सिराज : नहीं बताऊँगा।

शाम कुमार : क्या तुम्हारी अदालत में भी सरकारी पोजीशन है? मेरा मतलब है तुम कुछ हो वहाँ?

सिराज : बड़े चुग़द हो यार। कभी-कभी सरकार में बिना पोजीशन वाले पोजीशनवालों पर भारी पड़ते हैं। वहीं अनदेखे चेहरे अनदेखे हाथ क़ानून पर भी भारी पड़ते हैं। साहब सल्तनतें बनाते बिगाड़ते हैं ये लोग The King Makers of this Country (हँसता है) अच्छा बताओ क्या तुम निर्दोष हो?

शाम कुमार : बिलकुल पूरी तरह से।

सिराज : फिर ये मामला सीधा है। एक बार जब वो किसी पर आरोप लगा देते हैं तो फिर छुटकारा तो है ही नहीं।

शाम कुमार : क्या वो दलीलें सुनते नहीं? सुनने के बाद अपनी राय बदलते नहीं? कभी तो ऐसा होता जो कि निर्दोष छूट जाए। गिरफ़्तारी ख़त्म हो जाए।

सिराज : पागल हो, बिलकुल पागल हो तुम। ऐसा कभी नहीं होता। क़सूरवार क़ानून ख़रीदकर छूट सकता है और बेक़सूर का तो कोई पतियारा ही नहीं। सारा खेल गरीबी और अमीरी का है ख़रीद सकते हो तो ख़रीद लो और बेक़सूर हो जाओ और नहीं ख़रीद सकते हो तो बेक़सूर हो तो भी क़सूरवार कहलाओगे। बस पानी से निकली मछली की तरह तड़फड़ाते रहो, छटपटाते रहो। अच्छा चलो पुरानी दोस्ती के ख़ातिर मैं तुम्हें रिहा करवाऊँगा बोलो कैसी रिहाई चाहते हो?

शाम कुमार : ये क्या बेतुक़ा सवाल है? क्या रिहाई भी तरह-तरह की होती है?

सिराज : बिलकुल होती है इस कोर्ट में तीन क़िस्म की रिहाई होती है जनाब नम्बर 1 कि आप पूरी तरह से आज़ाद हो जाएँ। नम्बर 2 कि दूसरों के देखने में ऐसा लगे कि आप आज़ाद हैं। नम्बर 3 केस चलता रहे और आप सेमी वरी हो जाएँ यानी तारीख़ पर तारीख़ पड़ती जाए और आप कोर्ट में आते जाएँ जाते जाएँ।

शाम कुमार : क्या कोई, कभी भी, पूरी तरह से बरी नहीं होता?

सिराज : क़ानून की धाराएँ देश के क़ानून की धज्जियाँ उड़ा रही है किसी एक धारा की दूसरी धारा से बनती ही नहीं। कच्ची बस्ती के चौराहों पर, नल से पानी के लिये खड़ी औरतों को देखा है? ये धाराएँ भी वही नल पर लड़ती औरतों की तरह हैं।

नकल निकालता हुआ— मैं धारा 307 हूँ ये पानी मेरा है। नहीं मैं 302 हूँ। पहले मेरी बाल्टी लगी थी। नहीं मैं 401 हूँ मैं तुमसे बड़ी हूँ मैं तय करूँगी कि तुम सही भी हो कि नहीं। बस जनाब पहले मैं पहले मैं, तब तक पानी ख़त्म हो जाता है यानी आदमी खत्म हो जाता है। रह जाती हैं सिर्फ और सिर्फ धाराएँ। यानी Interpetation of the various sections of law.

शाम कुमार : तब फिर क़ानून के बारे में मेरा सोचना सही है इस धूर्त व्यवस्था में, सड़े सिस्टम में सिर्फ एक अकेला आदमी ही

कॉफ़ी है कोर्ट प्रोसिडिंग्स के लिए। जब कोर्ट का कोई मायने ही नहीं लटकाने दो फाँसी बाकियों को क्यूँ तकलीफ़ देते हो इस कारवाई की ज़रूरत ही क्या है?

सिराज : बेटा लम्बी कारवाई की सज़ा ही इस सिस्टम का मज़ा है। इन सब क़ानूनदाओं की रोटी रोज़ी चलती है इस सिस्टम से और तुम हो कि मियाँ उनके पेट पर लात मार रहे हो।

शाम कुमार : मेरे सिर्फ एक सवाल का जवाब दो मेरे लिये क्या सही है।

सिराज : मेरे ख़याल ऊपरी तौर पर दिखनेवाली रिहाई। तुम एक काग़ज़ पर अपना कनफैशन लिख दो। मैं वो काग़ज़ लेकर लोअर कोर्ट में हर जज के पास जाऊँगा तुम्हारी गारंटी दूँगा। वो जज भी इस काग़ज़ पर साइन करेंगे फिर काग़ज़ तुम्हारे केस पर बैठे जज के पास जाएगा वो साइन करेंगे।?

शाम कुमार : (उम्मीद से) फिर मैं पूरी तरह रिहा हो जाऊँगा?

सिराज : नहीं इस क़ानून के तहत जाँच और गिरफ़्तारी की तलवार तुम पर हमेशा लटकी रहेगी। एक बार छोड़ दिए जाओगे पर आरोप लगे रहेंगे और कभी भी दुबारा गिरफ़्तार हो जाओगे फिर अदालत लाए जाओगे।

शाम कुमार : फिर?

सिराज : फिर सारी कारवाई होगी फिर छोड़ दिए जाओगे।

शाम कुमार : (उम्मीद से)— इस बार तो पूरी तरह रिहा हो जाऊँगा?

सिराज : नहीं नहीं, अभी तो दो अदालतें बाकी रह गयी हैं। अभी ऊँची अदालतें बाकी है ये ऊपर से दिखनेवाली गिरफ़्तारी के फ़ायदे और नुकसान हैं। मैं सिर्फ निचली अदालतों के जजों को जानता हूँ। तुम्हारे और मेरे जैसे आदमी की पहुँच वहीं है। ऊँची अदालतों में ऊँचे आदमी जाते हैं ऊँचे ऊँचे वकील को ऊँची-ऊँची फीस देते हैं वो वकील ऊँचा माथा खपाते ऊँची आवाज में गुर्राते हैं तब उस ऊँचे आदमी का क़द और बढ़ जाता है तब ऊँचा जज ऊँचा फ़ैसला सुनाता है ऊँचा आदमी बरी हो जाता है और उस ऊँचे जज का नाम ऊँचे ऊँचे समाज में जाता है और ऊँचा आदमी इस घिसे-पिटे समाज में और ऊँचा उठ जाता है। (सिराज हँसता

है शाम चुप है)

दृश्य परिवर्तन

अभिव्यक्ति : बेचारा शाम क़ानून के दलदल में फँस जाता है। वो जो क़दम उठाता है, वही दलदल में गहराई से घुसता जाता है। समय गुज़र रहा था। दिन-ब-दिन, महीना-दर-महीना, कोई अन्त नहीं था शाम की मुश्किलों का। कभी भी फ़ोन आता शाम फिर जाता जाँच अधिकारी के वही सवालों का जवाब दोहराता फिर अगली तारीख़ पर जाता। उसकी ज़िन्दगी ख़ुद पीले रंग के मुड़े हुए पन्नेवाली क़ानून की डायरी बनता जा रहा था। जिसमें ख़ुद जाँच मजिस्ट्रेट को साफ़ नज़र नहीं आता था। कभी कहता इस रूल के तहत ये तुम्हारी बयानगोई, सज़ा का कारण है। कभी कहता तुम लोगों को सिस्टम के ख़िलाफ़ भड़काते हुए पाये गये। कभी कहता तुम्हारा आचार-व्यवहार ग़लत क्यूँ है? इसकी सफ़ाई देने आओ। शाम ने ये भी देखा कि इन दिनों दो अजीब से आदमी उसका पीछा तो करते हैं। बहुत दूर रहते हैं। बोलते भी नहीं, कुछ कहते भी नहीं, पर उनकी तेज़ निगाहों से शाम की पीठ जलती थी। क्या करे शाम कि जिससे इन दो आदमियों से पीछा छूटे। ये दो आदमी जो उसे हर जगह नज़र आते हैं पीछा करते हैं कुछ बोलते-बतियाते नहीं। उन्हें कैसे हटाये। पुलिस से क्या कहेगा? सत्ता के ख़िलाफ़ तो वो खड़ा होने की कोशिश कर रहा है तो क़ानून से मदद माँगे उसी कीचड़ में तो वो ख़ुद धँसा है। आनन्दी से कहे तो वो रो देगी। कहेगी मैंने तो पहले ही कहा है। झाड़ फूँक करवा लो तुम। तुम तो सच में डर गये हो ज़रूर कोई प्रेतात्माएँ हैं जिन्हें तुमने नाराज़ किया है। तो फिर रूपमती से कहे? वो तो दोस्त भी नहीं रह गयी। एक साँस में अड़ोसी-पड़ोसी होने का नाता भी टूट गया। अजीब ख़ामोश निगाहों से उसे देखती जाती है। बैंक में लोग उसकी टाँग खींचने को तैयार बैठे रहते

हैं। उन्हें मसाला दे दिया तो उसके वजूद का तन्दूरी मुर्ग़ा होना निश्चित है। शाम की कशमकश जारी थी कि एक दिन अचानक फ़ोन आया। (शाम कुमार अपने कमरे में था)

दृश्य परिवर्तन

शाम कुमार : हलो कौन?— कौन — वर्मा साहब जी क्या?— आज बैंक न आऊँ? क्यूँ?

अच्छा दो विदेशी मेहमानों को घुमाने ले जाना है? कुतुबमीनार — हाँ योग माया का मन्दिर है। उधर जहाँ जमाली-कमाली के मक़बरे का घना जंगल है वहाँ भी ले जाऊँ। जी ले जाऊँगा— अरे क्या। कहाँ साहब। अब तो जर्मन भूल वूल गया। हाँ, डिक्शनरी तो है। अच्छा ठीक है। करता हूँ अब। कहाँ मिलेंगे? दोनों मन्दिर मस्जिद के गेट पर। ठीक है भई खड़ा रहूँगा। खड़ा रहूँगा उन्हें मेरी शक्ल व हुलिया बता देना। ठीक है .... क्या कहा ये मेरी बर्थ डे गिफ़्ट है, अरे क्या थैन्क यू थैंक यू। एक साल कहाँ चला गया पता नहीं। फिर से आ गयी मेरी बर्थ डे और केग्ग वहीं का वहीं है।

दृश्य परिवर्तन

भाव : शाम कुमार को एक भीतरी उथल-पुथल, अन्तर्द्वन्द्व से उत्साह की तरफ ले जाना भी काफ़्का जैसे लेखक का ही कमाल है। क्या महीन मायाजाल बनाता है वह। इंसान की ज़िंदगी रेशे-रेशे बनके उसके हाथ की चुटकी में दबी है जिसे वह क़लम की कताई से बेहतरीन बुनता है। एक दिन के लिये ही सही, शाम भी ज़िन्दगी की खींचतान भूलने को तैयार हो गया। यही क्राफ्ट था काफ़्का का। यही लिखते थे काफ़्का जिसे काफ़्कोष्क का नाम दिया गया। भीड़ में अकेला हूँ सुनसान के सहारे जैसे कोई सूना मन्दिर गाँव के किनारे। काफ़्का के अकेलेपन की बहुत परतें थीं एक परत पर दूसरी

परत, दूसरी पर तीसरी परत, फिलोसफ़ी, छायावाद, रहस्य, जिज्ञासा सब एक से दूसरे में गुँथे जैसे कोई बारीक़ मीनाकारी का काम या कोई पका हुआ नारियल। क्यूँ घूर रहे हैं आप? कहावत नहीं सुनी? कटोरे में कटोरा बेटा बाप से भी गोरा। हर सीन कुछ और कहता है किरदार कुछ और चाहता है मतलब कुछ और निकलता है। चलिए वापस नाटक पर लौटें आज बड़ा ख़ास दिन है। कम-से-कम शाम के लिए। आज उसकी 31वीं सालगिरह है। आनन्दी ने तो कहा— जन्मदिन मुबारक हो पर बड़ी दुःखी निगाहों से देखते हुए। फिर न जाने क्या हुआ, उसने अपनी आँखें पोंछीं और ज़ोर से हाथ हिलाने लगी।

रूपमती भी सामने पड़ी तो ऐसे देख रही थी जैसे वो जिबह होने जा रहा बकरा हो। अजीब दया-सी थी उसकी निगाह में।

शाम ने कहा— गुड मॉर्निंग, रूपमती ने कुछ भरे गले से फुसफुसाया और तेज़ी से चली गयी। शाम हैरान होकर बाहर निकल आया।

महरौली के सुनसान वीरानों में खड़ी इमारत, मन्दिर, मस्जिद के गेट पर चहलकदमी करने लगा।

दृश्य परिवर्तन

शाम कुमार : कहा था वर्मा ने 9 बजे आ जाएँगे वो लोग आए क्यों नहीं, घंटा भर हो गया है— कहीं ऐसा तो नहीं योगमाया मन्दिर कहा हो। मैंने मन्दिर मस्जिद सुन लिया हो चलो वहाँ तक जोग करके जाता हूँ।

शाम कुमार : उफ बला की गर्मी है।

दृश्य परिवर्तन

अभिव्यक्ति : शाम आधा किलोमीटर जॉग करने के बाद हाँफने लगा था। अब उसे प्यास लगी थी, तो वो मन्दिर के भीतर घुस गया। वहाँ देखता क्या है, एक बड़ा त्रिपुंडधारी पुजारी वहाँ बैठा है।

दृश्य परिवर्तन

(शाम मन्दिर में है)

शाम कुमार : पानी मिलेगा?

पुजारी : क्यूँ नहीं मिलेगा। आज तुम्हारा जन्मदिन जो है। आओ तिलक करूँ? शुभम करोती कल्याणम आरोग्यम धन सम्पदा। ये लो पानी। क्या हुआ वो लोग नहीं आए? तुम्हारे मेहमान?

शाम कुमार : आपको कैसे पता? मैंने तो आपको बताया नहीं?

पुजारी : केस कहाँ पहुँचा?

शाम कुमार : आपको मेरे केस के बारे में कैसे मालूम?

पुजारी : गिरफ़्तारी से अब नहीं बच पाओगे।

शाम कुमार : क्या है ये सब? आप हैं कौन? बैठे हैं मन्दिर में और मेरे केस की ख़बरें देकर धमका रहे हैं? मैं आपको देख लूँगा।

पुजारी : मुझे क्या देख लोगे? उन्होंने तुम्हें देख लिया है वो आ ही रहे हैं। अब तो ईश्वर को याद कर लो। वहाँ जाना जो है।

दृश्य परिवर्तन

भाव : शाम अचानक डर गया। वो अपने आपको कमज़ोर महसूस करने लगा। उसे लगा जैसे कोई शरीर से उसका ख़ून निचोड़ रहा है, और उस पर बेहाशी तारी हो रही है। उसने पुजारी से कहा।

दृश्य परिवर्तन

शाम कुमार : मेहरबानी करके मुझे बताइए आप हैं कौन? धर्म के इस पवित्र मन्दिर में आप ख़ूनी क़ानून की बातें क्यों कर रहे हैं? कौन आ रहा है? किसने देख लिया मुझे? क़ानून यहाँ कैसे घुस सकता है?

पुजारी : क़ानून अब वो पानी बन गया है जो किसी भी खुली दरार से अन्दर घुस जाता है।

शाम कुमार : (बीच में ही टोककर) और फिर सीलन और सड़ाँध पैदा कर देता है।

पुजारी : (ज़ोर से) बस तुम्हारी इसी सोच ने तुम्हें आज यहाँ लाकर खड़ा कर दिया है। तुम्हारी ज़ुबान नश्तर की तरह चलती है। लोगों को सोचने पर मजबूर करती है, उकसाती है, भड़काती है, आग लगाती है। तुम क़ानून पर नश्तर चलाओगे बेटा क़ानून तुम पर नश्तर चलाएगा।

शाम कुमार : तुम हो कौन? मेरी सोच से तुम्हारा क्या लेना-देना है? तुम क्यों मुझे धमकी दे रहे हो?

पुजारी : मैं जेल का पुजारी हूँ। जेल में और फाँसी दिए जाते समय मेरे ही उपदेश तुम जैसे बन्दियों को राहत पहुँचाते हैं। अब जाना तो तुम्हारा तय है। मैं तुम्हें जाने का हौसला दे रहा हूँ।

शाम कुमार : (चीख़कर) ख़ामोश हो जाओ तुम क्या बक रहे हो। मैं बाहर जाता हूँ।

पुजारी : वो बाहर ही खड़े हैं तुम्हें ले जाने को। अब तुम्हारी गिरफ़्तारी ख़त्म। तुम हमेशा के लिये आज़ाद हो जाओगे। तुम्हें इसी प्लान से यहाँ बुलाया गया है।

शाम कुमार : तो मेरे दोस्त वर्मा ने मुझसे झूठ कहा? वो दो मेहमान आने वाले हैं ये झूठ था।

पुजारी : वर्मा को जज ने यही कहने का आदेश दिया था। वैसे मेहमान दो ही हैं। वो देखो तुम्हें लेने आ रहे हैं। तुम्हें ले जाने को सुनते हो काले बूटों की आहट।

शाम कुमार : धोखा, हर जगह धोखा, हर कोने में धोखा, हर ऊपरी परत

के नीचे धोखा। क्यूँ घेर रहे हैं लोग मुझे? मैं धोखे के घेरे से घिरा हूँ मैं धोखे से धोखे के घेरे में घेर लिया गया हूँ। ये क्या है? मेरा दम घुट रहा है। मुझे ऐसा क्यूँ लग रहा है जैसे मुझे मौत लेने आई है। मेरा केस ठीक से सुना भी नहीं गया और मैं दुनिया से जा रहा हूँ क्यों? क्यों मेरी आवाज सुनो कोई मेरी आवाज सुनो ये काले साए मुझे ले क्यूँ जा रहे हैं कहाँ ले जा रहे हैं— कौन हो कौन मत ले जाओ मुझे इस क़ानूनी जंगल में मत ले जाओ मैं निकल नहीं पाऊँगा रुको रुको मत ले जाओ ये क्यूँ लपेट रहे हो मुझे, मेरे हाथ पैर कस रहे हैं। तुम्हारे नश्तर मुझमें धँस रहे हैं।

दृश्य परिवर्तन

भाव : दो आदमी काले बूट पहनकर शाम को खींच ले गये महरौली के जंगलों में कि अचानक उसे लगा कि दूर कहीं एक दीया जल रहा है दीये की रोशनी में दो हाथ आगे बढ़ रहे हैं उसे बचाने के लिए।

दृश्य परिवर्तन

शाम कुमार : कहाँ से दिख रही है रोशनी किसके हाथ हैं ये? क्या कोई मेरी मदद के लिए आया है। कौन हो तुम, कोई पड़ोसी, कोई दोस्त, कोई मेरा अपना, कोई वकील, कोई दलील क्या कोई नयी तरकीब निकली है मुझे बचाने की। क़ानून का कोई हिस्सा मुझे बचाएगा क्या? या आम आदमी मुझे बचाएँगे। ओ काले साये तुम मेरे ऊपर क्यों झुक रहे हो? तुम्हारे हाथ में नश्तर कैसा है? ये मेरे गले में चुभ जाएगा। उस रोशनी वाले की बात सुनो। ये नश्तर है कि केक काटने वाला चाक़ू। उस रोशनीवाले की बात सुनो शायद उसे उस क़ानून का पता है जिससे मैं बच जाऊँगा। सुनो रोशनी की बात और अँधेरे के साये। सुनो...

एक चीख़ उठी— आवाज आयी— बहुत-सी आवाजें आईं हैपी बर्थ डे शाम कुमार— तुम्हारा केक कट गया तुम्हारी मोमबत्ती बुझ गयी।

भाव : ये है काफ़्का ये है काफ़्का 1920 के दशक में जर्मन भाषा में लिखे गये उपन्यास को आज भी हर देश में चाव से पढ़ा जाता है भाव - वजह? ये प्रतिबिम्ब है इस समाज का। अब भी वही सब है। अब भी हम गिरफ़्तार हैं अनजाने— अनदेखे, अनचाहे, अनपढ़े क़ानून— समाज, और सत्ता की बेड़ियों में बँधे हैं। जकड़े हैं हमारे हाथ पाँव।

अभिव्यक्ति आती है भाव के साथ खड़ी हो जाती है।

अभिव्यक्ति : जो दिखता नहीं वो सच है जो दिखता है वो तो सच है ही नहीं। क्या कहा जनाब आप गिरफ़्तार नहीं हैं? घर जाइए जनाब और ज़रा फिर से सोचिए— क्या कहा— सोचने को है ही क्या? बस यही यही तो सोच की गिरफ़्तारी है।

भाव : आज सोचने को आज़ाद ही नहीं है हम और आप और काफ़्का हाल जानता था आपका।

प्रतिबिम्ब था इस समाज का
जानता था खेल वो
विश्वास पर आघात का—

कोरस : ये है काफ़्का फ्रांत्स काफ़्का

समाप्त

णाणं
पयासयं
वीर नि. सं. 2470
ई. सन 1944
भारतीय ज्ञानपीठ

लोकोदय ग्रन्थमाला : ग्रन्थांक 1243

ISBN 978-93-263-5294-9

गिरफ़्तारी

(फ्रांत्स काफ़्का के उपन्यास 'द ट्रायल' पर आधारित नाट्य-रूपान्तरण)

रूपान्तरण : रमा पांडेय

पहला संस्करण : 2015

मूल्य : 150 रुपये

प्रकाशक : **भारतीय ज्ञानपीठ**

18, इन्स्टीट्यूशनल एरिया, लोदी रोड, नयी दिल्ली-110 003

मुद्रक : विकास कम्प्यूटर्स ऐंड प्रिंटर्स, दिल्ली-110 032

आवरण : महेश्वर

GIRAFTARI

(Play based on Franz Kafka's Novel `The Trial')

Adaptation by : Rama Pandey

Published by

Bharatiya Jnanpith

18, Institutional Area, Lodi Road, New Delhi-110 003

Ph. : 011-24698417, 24626467; 23241619 (Daryaganj)

Mob. : 9350536020; e-mail : bjnanpith@gmail.com

sales@jnanpith.net; website : www.jnanpith.net

First Edition : 2015

Price : Rs. 150

गिरफ़्तारी

रमा पांडेय

भारतीय ज्ञानपीठ